KB040605

이번 생에
건물주 한번
돼보고
죽을랍니다

" 가만히 있으면 평생
남의 집만 전전할 것 같았어요 "

이번 생에
건 물 주

월급만으론 답이 없던 평범한 가장의 부동산 분투기

한 번
돼보고
죽을랍니다

노동환
(가붕개)

붇옹산
추천

네이버 부동산스터디 화제의 글

월급쟁이 영업사원이 부동산 등락기를 거치며
등기만 20채, 자산 가치 60억을 달성하기까지

알키

* 일러두기

- 이 책은 저자가 작성한 초고를 저자와의 인터뷰, 저자의 투자 일기, 커뮤니티 게시글 등을 토대로 편집자가 새롭게 정리하여 저자가 사실을 확인하고 수정하는 과정을 거쳐 완성하였음을 밝힙니다.

- 이 책에서 소개하는 투자법과 시장 전망은 저자의 지극히 개인적인 생각일 뿐이며 독자의 투자에 대해선 어떠한 책임도 지지 않음을 밝힙니다.

- 대중적으로 많이 사용하는 부동산 업계 은어의 경우 표준어가 아니더라도 그대로 표기하였습니다.

☞ 추 천 사 ☜

학창 시절에 학생들에게 주어지는 시간은 동일하지만
그 시간을 어떻게 활용했느냐에 따라서 학생들의
성취는 각자 많이 달라집니다. 지난 수년간의 시기
또한 투자자들은 동일하게 겪었지만, 그 시간을
어떻게 보냈느냐에 따라 투자자들의 성적표는 많이
달라졌으리라 생각합니다.

이 책은 이 땅의 한 소시민이, 똑같이 쥐어진
'자본주의'라는 무기를 이용해서 어떻게 부동산 투자를
통해서 성공하고자 했는지 그 경험들을 오롯이 기록한
책입니다. 어떻게 치열하게 투자했고, 예상하지 못했던
위기가 찾아왔을 때 어떻게 극복하고자 했는지,
그리고 앞으로의 시기를 어떻게 준비하고 있는지 담고
있습니다.

저자의 이 '실전 투자' 기록들은 앞으로 행동하고자 하는
후배들에게 도움이 되는 경험담이 되리라 생각합니다.

2023년 3월 28일

붇옹산

저는 멘털
금수저입니다

저의 첫 월급은 125만 원이었습니다. 그렇게 콩알만 한 월급을 모아서 한 저의 첫 투자는 대실패였습니다. 월급만으로 한계를 느끼던 시기였는데 자산관리사가 무료 도시락을 주면서 주식과 보험을 결합한 투자 상품을 권유했고 월급의 30%를 덜컥 투자했어요.

적립식이면서 생명보험과 연동되기 때문에 리스크가 없다며, 안 하면 당신만 뒤처진다는 말에 냉큼 가입했는데 이 상품이 적립식 펀드가 아니라는 것을 뒤늦게 알게 됐습니다. 해지를 했지만 한 푼도 돌려받지 못했습니다. 영업사원의 말만 믿고 투자한 저의 잘못이죠. 그 일이 계기가 되어서 주식에 관심을 갖게 됐고 홀린 듯이 계좌를 개설하고 한 푼 두 푼 투자하게 되었습니다.

2007년이었고 리먼 사태가 터지기 1년 전이었습니다. 급등하는 시장에서 나도 곧 부자가 된다는 희망에 부풀어 모아뒀던 돈으로 과감하게 투자를 이어갔습니다. 처음 투자한 종목이 15% 넘게 상승하면서부터 이성을 잃었고, 매도하지 않아 실현되지도 않은 수익만으로 '뽕'에 차서 사치도 부렸습니다. 신용 레버리지도 쓰고 하루에 수익과 손해가 1,000~2,000만 원을 오가기 시작하자 결국 사표를 내고 전업 투자자의 길로 들어섰습니다.

아침부터 장이 끝날 때까지 주식창만 들여다보며 극심한 스트레스에 시달리는 날들이 시작되었습니다. 도저히 하락하는 차트를 보지 못해 술에 취해 잠들기도 했고, 결국 써서는 안 될 3금융까지 손을 댔습니다. 그 후로 결과는 뻔하죠. 저는 빚만 남은 패배자가 되었습니다. 남은 것은 고금리 빚뿐이었습니다. 당시 금리는 연 50%가 넘었습니다.

한동안 방황했지만 사랑하는 사람이 있었기에 삶을 포기할 수 없었습니다. 저는 내 안의 권위 의식, 허세를 모두 내려놓고 일을 시작했어요. 학생 때 아르바이트 경험을 살려 배달 일부터 시작했습니다. 당시 급여를 가장 많이 주던 중국집에 취직해 아침부터 밤 9시까지 근무하며 월 200만 원을 받았습니다. 누나에게 돈을 빌려 고금리 대출을 일부 상환했고 '아끼고 아껴 살며 몇 년만 버티면 급한 불은 어느 정도 끌 수 있겠다'는 계산이 나와 그때까지만 죽었다고 생각하며 살기로 했습니다.

굳게 마음먹고 일을 시작했지만 생각보다 쉽지 않았습니다. 아침부터 전단지 돌리고 배달하고, 그릇을 회수하며 느끼는 육체적 피로보다, 당구장 같은 곳에서 사람들에게 반말을 듣고 '짱깨'라며 하대받는 것에 대한 정신적 스트레스가 컸습니다. 한번은 그릇을 찾아오던 중에 버스 정류장 앞에서 짬뽕 그릇을 쏟는 참사가 일어났는데 정류장 앞 부동산 사장님이 신문지를 제게 집어던지면서 엄청 화를 냈습니다. 그날 정말 많은 눈물을 흘렸던 기억이 납니다. 불과 몇 개월 전만 해도 월급은 많지 않아도 몇 천씩 돈이 오가는 곳에서 넥타이 매고 출근하다가 그런 대우를 받으니 자존감이 엄청 떨어지더라고요. 그래도 견뎠습니다. 우여곡절 끝에 저는 제 힘으로 빚을 다 갚고 그동안 저를 믿고 기다려준 지금의 배우자와 원룸을 얻어 결혼 생활을 시작했습니다.

그 이후 많은 일이 있었습니다. 전세가가 올라 정든 동네를 떠나기도 했고, 자본주의를 공부하기 위해 유명 유튜버들의 영상을 달달 외울 정도로 하루 종일 듣기도 했습니다. 이후 자신감에 차서 무려 3년 만에 20채에 달하는 등기를 치며 공격적으로 투자를 했고 다달이 들어오는 월세라는 달콤한 결실을 맛보기도 했습니다. 투자한 물건의 가치만 60억 원을 상회했지요. 이후 우크라이나·러시아 전쟁이 일어나고 금리가 폭등하며 찾아온 조정장을 버티기 위해 투잡, 쓰리잡을 뛰며 월 300~400만 원에 달하는 대출이자를 내며 제 투자를 돌이켜보는 시간을 갖기도 했습니다.

'이번 생에 건물주 한번 돼보고 죽을랍니다'라는 이 책의 제목은 부동산 투자에 임하는 저의 다짐이자 마음가짐입니다. 이 책에서 저는 제가 왜 아등바등 부동산 투자에 매달리는지, 그리고 나름대로 성취했던 투자 성공담을 비롯해 실패와 후회에 대해서도 가감 없이 고백할 생각입니다.

저는 '흙수저'라는 말을 싫어합니다. 귀하게 저를 키워주신 부모님께 죄송하기도 하고, 흙수저라는 말이 자신의 한계를 스스로 규정하는 나약한 말처럼 느껴지기도 해서요. 세간의 기준으로 보면 저는 흙수저이지만 저는 스스로를 '멘털 금수저'라고 생각하기로 했습니다.

혹자는 저의 과감한 '영끌' 행보를 보며 염려를 하거나 '정신 승리'하는 사람이라고 비난하기도 하는 게 사실입니다. 하지만 저는 두렵지 않습니다. 부동산 투자뿐 아니라 인생의 어떤 부분이든 '영끌' 하지 않고 성공할 수 있는 게 있을까요? 저는 제 자신이 영끌의 마음으로 열심히 사는 사람이라 생각합니다. 부자

저는 멘털 금수저입니다

가 되기 위해 열심히 뛰어가는 사람이 환경을 탓하며 현실에 안주하는 사람보다 낫다고 생각하니까요. 그 과정에서 어려움을 겪더라도 제가 감내할 것이고, 그 과실도 제가 달성한 성과로서 당당하게 취할 것입니다.

이 책은 조금 불공평하지만 노력하면 누구나 부자가 될 수 있는 자본주의라는 세상에서 부자가 되기 위해 노력해 왔고, 노력하고 있으며, 노력해 갈 평범한 사람의 작은 이야기입니다. 성공담뿐 아니라 아쉬웠던 점에 대해서도 솔직히 얘기할 생각입니다. 이 책에서 제가 하는 말이 진리도 아니며, 말을 하는 저조차 미래에는 나의 생각이 바뀔 수도 있을 거라 생각해요. 그래도 '실제로 무언가 행동을 해본 사람'의 경험담으로서, 대단한 인사이트를 가지고 있는 대가는 아닐지라도 누군가에게는 조금이나마 도움이 될 수 있을 거라 생각합니다.

저는 앞으로도 지금처럼 열심히 공부하고, 투자하고, 때로는 결실을 맛보고 때로는 쓴맛도 보면서 그렇게 전진해 나갈 생각입니다. 모두의 성투를 기원합니다.

2023년 봄
자본주의를 살아가는 이 시대의 평범한 소시민 노동환

목차

1부   유일한 부의 사다리 부동산

1장   내가 돈이 없다고   20
남들도 없다고 착각하지 말자

1부

유일한 부의
사다리 부동산

1장

내가 돈이 없다고
남들도 없다고 착각하지 말자

"죄송하지만 전세금 3,000만 원을 올려주셔야겠어요."

"3,000만 원이요?"

마른하늘에 날벼락 같은 소리였습니다. 때는 2012년이었습니다. 대출로 마련한 보증금 4,000만 원짜리 빌라 원룸에서 임신한 배우자와 지내며, 곧 태어날 아이를 생각해 방 한 칸이라도 넓히기 위해 이사를 가야 하나 고민하던 시기였지요. 그러던 중 전세 계약이 만료되자, 집주인이 보증금 3,000만 원을 올려달라고 요구한 것입니다. 기존 보증금이 4,000만 원인데 거의 두 배로 올려달라니 받아들이기 힘들었습니다.

당시 저와 배우자는 처갓집과 같은 동네에 살고 있었습니다. 수천만 원의 빚을 중국집 배달 일로 갚고 이제 막 영업사원 일을 하고 있었어요. 아이가 태어나면 아내도 곧바로 다시 일을 시작하려 했는데, 형편이 좋지 못해 육아 도우미는 생각할 수도 없는 상황이었습니다. 그래서 장인어른과 장모님께 도움을 받기로 했습니다.

투룸이라도 구하려는데 전월세 값이 너무 비싸 고민하던 와중에 보증금 3,000만 원까지 마련해야 하다니…. 청천벽력이 따로 없었어요. 누군가에게는 별것 아닐지 몰라도 우리 가족에게 3,000만 원은 너무나도 큰돈이었습니다. 우리 부부가 살던 원룸의 전세금도 대출을 받아 겨우 마련했었고, 연이율 50%에 달하는 3금융까지 손댔다 망한 주식 투자의 그늘에서도 완전히 헤어나오진 못한 때였습니다.

당장 돈을 마련할 길은 없고, 출퇴근도 생각해야 하는데, 주변 집값은 다 올랐고, 아이를 키우려면 조금이라도 집을 넓혀야 할 것 같고…. 정말이지 막막했습니다. 결국 저희 부부는 이사를 가기로 결정했습니다. 처음에는 옆 동네를 알아봤지만, 그마저 여의치 않아서 점점 더 외곽 지역을 찾아보게 되었고 살던 곳에서 20km 가량 떨어진 곳까지 밀려나게 되었어요. 불행 중 다행이라면 외곽 지역의 집값이 살던 곳보다 싸서 집은 넓혀서 이사를 갈 수 있었던 걸까요. 물론 월세였지만 말입니다.

내가 돈이 없다고 남들도 없다고 착각하지 말자

그때 저는 '억' 소리 나는 돈도 아니고 3,000만 원도 마련하지 못하는 상황이 너무나도 막막했어요. 그리고 억울했습니다. 주식 투자에 실패하고, 정직하게 돈을 벌겠다고 하루 12시간씩 '짱개' 소리 들어가며 배달 일을 했는데, 그렇게 열심히 살았는데, 정든 동네를 떠나 외곽으로 밀려나야 하다니….

2012년 당시 제가 살았던 곳은 서울과 인접한 수도권 도시였는데요. 그 시기 인근 대장급 신축 아파트 중대형 평수가 5~6억 원 정도 선이었습니다. 제 상식으로는 이해할 수 없었습니다. 강남 한복판도 아니고 서울도 아닌 수도권 아파트가 5억 원이라니요. 그렇게 저에게 중요한 화두가 되는 질문이 생기게 됩니다.

세상에 돈 많은 사람이 왜 이렇게 많은가?
나는 왜 돈이 없는가?
대체 어떻게 해야 돈을 많이 벌 수 있는가?

사람들은 무슨 돈으로 저런 비싼 아파트를 사는 건지 궁금했습니다. 저는 요즘 말로 소위 '200따리' 월급쟁이였는데요. 5억 원을 모으려면 월급을 한 푼도 쓰지 않고 모아도 20년이란 시간이 필요했습니다. 20년이면 사랑하는 자식이 이미 어른이 되고도 남을 시간입니다. 그때까지 2년마다 오른 전세금을 마련하기 위해 전전긍긍하고, 자식을 들쳐업고 이사를 다녀야 한다는 얘기였습니다. 정든 동네에서 떠나는 날, 저는 생각했습니다.

'부자가 되어야겠다.'

그래야 앞으로 태어날 자식은 나처럼 집 없는 설움을 겪지 않을 거라 생각했어요. 어떻게 부자가 될 수 있을지 방법을 모르니, 할 수 있는 거라곤 부지런히 일하는 것뿐이었습니다. 그렇게 새로운 동네에서 몇 년을 지내다 보니 집값이 오를 기미가 보이기 시작하더라고요. 아, 이러다가 또 쫓겨나겠다 싶었습니다. 그때 문득 떠오른 사람이 바로 오래전 함께 일했던 직장 선배였습니다.

부동산 폭락기,
빚내서 한남동 간 회사 선배
▼ ▼ ▼

때는 제가 20대였던 2003년 무렵이었습니다. 그때 부동산 시장은 폭풍 전야였습니다. IMF 이후 오를 만큼 올랐다고 생각했는데 행정수도 이전 공약을 내세웠던 노무현이 대통령으로 당선되면서 충청도 지역의 부동산 가격이 또다시 상승을 했었습니다. 때마침 이명박 서울시장의 뉴타운 개발이 대두되면서

내가 돈이 없다고 남들도 없다고 착각하지 말자

집값이 재차 들썩이기 시작했죠. 다만 대출규제가 이전부터 강화되었고 새 정부 역시 집값을 잡겠다는 의지를 강하게 내보였기 때문에 하락할 거란 의견도 만만치 않았어요. 어느 정도 회복을 했지만 1998년 IMF 시절 부동산 폭락의 그림자가 여전히 남아 있었기에 경기와 규제의 힘에 대한 두려움이 남아 있던 때였습니다.

물론 이 모든 생각은 오랜 시간이 지나 제가 부동산 시장을 공부하면서 알게 된 사실입니다. 2003년 당시 저는 한때 로커를 꿈꿨던 고작 실수령 월급 125만 원을 받는 초년생 나부랭이였을 뿐이고, 부동산은 저랑은 너무 무관한 일일 뿐이었죠.

이런 시기에 회사 선배가 무려 빚을 내서 한남동으로 이사를 가겠다고 선언하는 일이 벌어집니다. 주변 사람들은 난리가 났어요. 바보라느니, 집값 떨어지면 어떡하려고 그러냐느니 다들 만류했던 기억이 납니다. 선배는 지금은 부동산 시장이 불확실해보일지 몰라도 서울 노른자 땅은 반드시 오르기 마련이라며 과감하게 빚을 내서 한남동으로 이사를 갔습니다. 저는 부동산에 대해 잘 몰랐고, 크게 관심도 없었기에 그냥 그러려니 하고 말았습니다.

그리고 2008년 역사적인 리먼 브러더스 사태가 터졌어요. 그때는 몰랐는데 지금에 와서 다시 살펴보니 당시 서울의 대장 아파트로 손꼽던 반포 래미안퍼스티지, 도곡 렉슬, 잠실 엘스 등

이번 생에 건물주 한번 돼보고 죽을랍니다

의 집값이 2010년부터 3년간 무려 15~30%의 하락을 기록했었더라고요. 주담대와 신용대출 금리는 5~8%에 달했었습니다. 사실상 현금 부자가 아닌 이상 이 정도 금리를 감당하며 아파트를 사는 건 그야말로 강심장인 사람들만 할 수 있는 일이었지요. 현금이 많은 사람일지라도 그 돈으로 다른 곳에 투자하거나 예금하는 편이 더 안전하다고 생각하기 쉬운 환경이었습니다. 그즈음 저 역시 그동안 모은 돈을 주식에 '몰빵'하고 '폭망'했었던 경험이 있습니다.

2013년이 되면서 상황은 반전되기 시작했습니다. 수도권 부동산은 회복을 거쳐 상승기에 접어들기 시작했어요. 집값이 올라 처가댁 어르신들과 함께 외곽으로 밀려나 월세살이를 하던 도중 부동산 시장이 조금씩 반전되는 상황을 눈으로 목도하면서 생각했습니다.

'그때 빚내서 한남동으로 이사 간 선배 땅 잡았네.'

원룸살이에서 월세 받는 다주택자로

▼ ▼ ▼

땡 잡은 선배를 부러워하던 사람은 이후 부동산에 대해 진지하게 공부하기 시작합니다. 그리고 살던 동네에서 쫓겨난 지 10년이 채 지나기도 전에 금의환향하게 됩니다. 그것도 나름 인

내가 돈이 없다고 남들도 없다고 착각하지 말자

근에서 최고로 손꼽히는 대장 아파트로 말이에요. 아직 건물주도 아니고, 한남동 선배에 비할 바는 아니라도 다양한 부동산 파이프 라인으로 '월세 받는 직장인'까지 되었습니다.

이 책을 읽는 분들 중에 저를 알고 있던 분도, 몰랐던 분도 계실 텐데요. 평범한 가장인 제가 이렇게 책까지 내게 된 것은 우리나라에서 가장 큰 부동산 커뮤니티인 네이버 '부동산스터디'

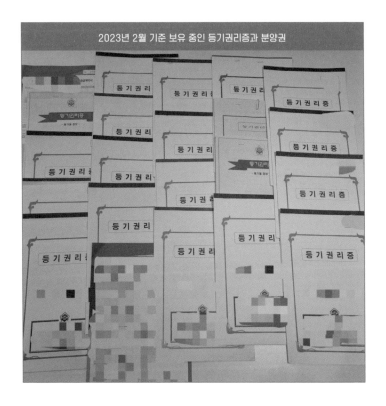

2023년 2월 기준 보유 중인 등기권리증과 분양권

이번 생에 건물주 한번 돼보고 죽을랍니다

카페에 올렸던 게시글 덕분이었습니다. 2021년 여름 즈음이었고 2019년 무렵부터 투자하며 모았던 20여 채에 달하는 부동산 등기권리증을 인증하면서 화제가 되었지요. 그러면서 연이 닿아 책까지 출간하게 된 것입니다. 한창때 제가 보유한 부동산들의 시가만 합쳐도 60억 원에 달했습니다. 적게는 매수가 대비 수천만 원 가량 오른 물건도 있었고, 수억 원 가량 시세가 오른 집도 있었어요. 그 뒤로 금리가 인상되고 뜨겁게 달아올랐던 부동산 시장이 가라앉으면서 보유 부동산의 시가는 그때보다 하락했습니다만 저는 코앞의 시세에 연연치 않으며 지금도 투자한 부동산을 모두 보유한 채로 투자를 '이어가고' 있습니다.

저는 대단한 사업가도 아니고, 막대한 돈을 버는 전문직도 아닙니다. 지금도 하루하루 월급날을 기다리며 상사의 눈치를 보는 영업사원일 뿐입니다. 그런데 어떻게 10년도 되지 않아 원룸살이에서 월세 받는 직장인이 될 수 있었을까요?

2050년
미래에 다녀오다
▼ ▼ ▼

제가 나름 성공적인 투자를 할 수 있었던 비결은 바로 미래로 '타임머신 여행'을 다녀왔기 때문입니다. 믿기 힘드시겠지만 저는 2050년 미래에 갔다 왔거든요. 미래로 가서 가장 먼저 한

내가 돈이 없다고 남들도 없다고 착각하지 말자

일은 마트 방문이었어요. 결국 먹고사는 게 가장 중요한 일이니까요. 저기 계란이 보이네요. 한 판에 3만 원 정도입니다. 2023년에는 7,000원 정도 했었는데 말이죠. 새우깡이 보이네요. 새우깡은 6,000원입니다. 우리나라 사람들이 자주 먹는 라면도 보이네요. 한 봉지에 5,000원입니다.

제가 살던 동네에 가봅니다. 변두리 아파트 벽면에 재건축 현수막이 걸려 있네요. 그 옆에 지어진 50층짜리 신축 아파트 가격을 보니 '국평'이 100억 원 정도 합니다. 2022년에 한강변 고도 제한을 푼다는 '2040서울플랜' 발표로 시끄러웠던 기억이 떠오릅니다. 그때와 달리 서울에 초고층 아파트가 많이 생긴 것 같습니다. 부동산에 들러 얘기를 나눠보니 변두리 신축 아파트가 무려 80억 원이나 한다고 하네요. 주변 상가를 가보니 10평짜리 작은 상가의 월세가 한 달에 700만 원이나 한다고 합니다. 계속해서 돈이 늘어나서 결국 인플레이션이 왔네요.

그리고 잠에서 깨어나 2023년으로 돌아왔습니다. 꿈에서 본 변두리 아파트를 찾아보니 현재 15억 원이네요. 갑자기 가격이 너무 저렴해 보입니다. 주변 상가로 왔더니 월세가 150만 원입니다. 너무 싸게 보이네요. 그렇습니다. 지금 너무 저렴하네요. 계란도 새우깡도 라면도 부동산도 모두요.

말도 안 되는 헛소리라고 하시는 분도 있을 겁니다. 그런데 당장 30년 전과 지금을 비교해도 물가가 2~3배 가까이 뛰었

화폐가치의 변화를 소비자물가지수(2020=100)에 의해 계산해 보겠습니다.

기준시점	◉ 년	1992 ▾	○ 월	1992 ▾	03 ▾	
비교시점	◉ 년	2022 ▾	○ 월	2022 ▾	03 ▾	실행
물가상승배수		2.410	배			

통계청의 1992년과 2022년의 화폐가치 비교 (출처: 통계청)

거든요. 30년 후에 물가가 2~3배 이상 뛰지 말란 보장은 누구도 할 수 없어요. 통계청에서 운영하는 'CPI소비자물가지수' 사이트에 들어가면 기준시점과 비교시점의 화폐가치를 계산해 볼 수 있는데요. 1992년과 2022년을 비교했을 때 물가는 약 2.4배 정도 뛴 것으로 나옵니다.

그런데 이런 통계적 수치보다 실질적으로 체감하는 물가는 훨씬 더 비싸진 게 사실입니다. 1990년에 지하철 요금이 250원이었는데 2023년도 1월 기준 1,350원이니 교통비는 5배 이상 뛰었고, 2000년대 초반만 하더라도 김밥 한 줄에 1,000원이었는데 요즘엔 웬만해선 4,000원은 줘야 먹을 수 있잖아요.

아무리 100세 시대, 평생 일하는 시대라고 하지만 나이 들고 몸이 약해지면 지금에 비해 벌이가 나빠질 것이 분명한데 자식들에게 피해 주지 않고 노후를 편안하게 살 수 있을지 걱정이 안 될 수 없네요.

화폐가치의 변화를 소비자물가지수(2020=100)에 의해 계산해 보겠습니다.

기준시점	◉ 년 1992 ▾	○ 월 1992 ▾	03 ▾			
비교시점	◉ 년 2022 ▾	○ 월 2022 ▾	03 ▾	실행		
물가상승배수	2.410 배					

통계청의 1992년과 2022년의 화폐가치 비교 (출처: 통계청)

거든요. 30년 후에 물가가 2~3배 이상 뛰지 말란 보장은 누구도 할 수 없어요. 통계청에서 운영하는 'CPI소비자물가지수' 사이트에 들어가면 기준시점과 비교시점의 화폐가치를 계산해 볼 수 있는데요. 1992년과 2022년을 비교했을 때 물가는 약 2.4배 정도 뛴 것으로 나옵니다.

그런데 이런 통계적 수치보다 실질적으로 체감하는 물가는 훨씬 더 비싸진 게 사실입니다. 1990년에 지하철 요금이 250원이었는데 2023년도 1월 기준 1,350원이니 교통비는 5배 이상 뛰었고, 2000년대 초반만 하더라도 김밥 한 줄에 1,000원이었는데 요즘엔 웬만해선 4,000원은 줘야 먹을 수 있잖아요.

아무리 100세 시대, 평생 일하는 시대라고 하지만 나이 들고 몸이 약해지면 지금에 비해 벌이가 나빠질 것이 분명한데 자식들에게 피해 주지 않고 노후를 편안하게 살 수 있을지 걱정이 안 될 수 없네요.

물가는
영원히 오른다
▼ ▼ ▼

제가 처음부터 부동산 투자에 진심이었던 것은 아닙니다. 애초에 부동산 자체가 목적이 아니라 우리 가족이 행복하게 살 보금자리를 원했던 것이었으니까요. 내 집 마련을 위해 계산기를 두드려봤는데, 제가 돈 모으는 속도와 지금까지 집값이 오른 속도를 생각해 봤을 때, 앞으로도 집값 오르는 속도가 더 빠를 것 같았어요. 그래서 지금 당장의 '집값'보다 '집값이 계속 오르는 이유'에 대해 알고 싶었습니다.

부동산이 계속해서 오르는 이유, 크게 봐서 물가가 계속해서 오르는 이유에 대해 알아야만 했습니다. 그래서 어설프게나마 자본주의의 원리에 대해 찾아보기 시작했지요.

제가 이 책에서 말하는 것은 모두 저 개인의 생각이며 판단이기 때문에 틀릴 수도 있는데요. 딱 한 가지 확실하게 말씀드릴 수 있는 게 있어요.

"물가는 절대로 내려가지 않는다"

저는 주로 뉴스, 유튜브나 블로그 등지에서 부동산이나 경제에 대한 여러 가지 정보를 얻곤 하는데요. '네가 뭔데 그걸 장담하느냐'라고 하시는 분들이 계실텐데 이건 저 혼자만의 생각이 아니에요. 지난 2012년에 EBS다큐프라임에서 '자본주의'를 주제로 5부작 다큐멘터리를 방영한 적이 있는데요. 이게 엄청 화제였다고 합니다.

이 다큐멘터리는 《EBS다큐프라임 자본주의》(EBS MEDIA 기획, EBS 〈자본주의〉 제작팀 지음, 가나출판사, 2013)라는 책으로도 출간되었고 유튜브에서도 쉽게 관련 영상을 찾아보실 수 있는데요. 자본주의라는 거대한 경제체제에 대해 다루는 이 시리즈의 첫 번째 선언은 '자본주의는 빚이다'라는 말입니다. 그리고 선언합니다. '자본주의는 빚이 있어야 돌아가며 물가는 절대로 내려가지 않는다.'

이 논리를 간략하게 요약해서 소개해 드릴게요. 수요가 많거나 공급이 부족할 경우 가격이 상승한다는 수요와 공급의 법칙은 모두 아실 거예요. 그런데 수요와 공급 말고도 가격을 결정하는 요인이 하나 더 있어요. 바로 '통화량'입니다. 시중에 돈이 많이 풀리면 풀릴수록 자연히 물가가 오르겠지요. 돈의 가치가 떨어지니까요.

자본주의 시장에서 돈의 양을 늘리는 데 결정적인 역할을 하는 것이 은행입니다. A가 은행에 1,000원을 예금합니다. 은행은 여기서 900원의 이율을 붙여 B에게 대출을 해줍니다. 그러면 1,000원을 예금한 A의 통장은 100원으로 돈이 줄었을까요? 아니

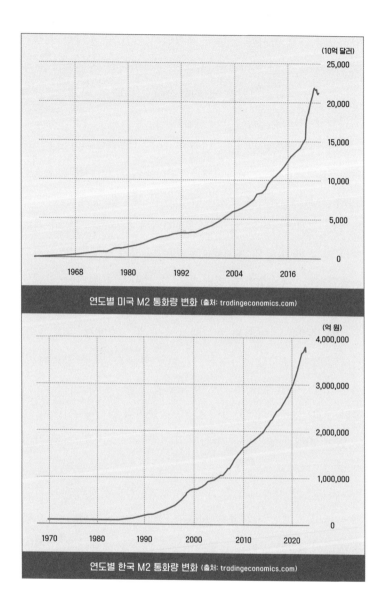

(10억 달러)

연도별 미국 M2 통화량 변화 (출처: tradingeconomics.com)

(억 원)

연도별 한국 M2 통화량 변화 (출처: tradingeconomics.com)

이번 생에 건물주 한번 돼보고 죽을랍니다

에요. 그대로 1,000원이 있어요. '가상'의 상태로 돈이 존재하고 있는 겁니다. 은행은 법적으로 정해진 지급준비율인 10%의 돈만 가지고 있으면 나머지 돈은 대출을 해줄 수 있거든요. A의 통장엔 여전히 '1,000원'이 들어 있고 B에게는 '900원'이라는 돈이 생겼습니다. 은행이라는 기관과 대출이라는 제도를 통해 갑자기 '900원'이라는 돈이 생겨난 것입니다. 이것이 자본주의의 원리입니다. 그러니깐 자본주의는 계속해서 빚을 만들고, 돈의 양을 불리면서 유지되는 체제라고 할 수 있습니다. 이런 상태에서 갑자기 모든 사람들이 예금을 인출하려고 하면 금융기관의 파산 사태, 부도가 일어나게 되는 것입니다.

정부는 국가를 운영하기 위해 계속해서 국채를 발행하고, 은행은 대출을 통해 계속해서 돈을 불려나갑니다. 통화량은 계속해서 늘어날 수밖에 없고 물가는 오를 수밖에 없습니다. 물론 자본주의가 시장논리에 의해서만 굴러가지 않고 여기에 개입하는 정부나 기관이 있지요. 부동산의 경우 여러 가지 정책들에 영향을 많이 받기도 하고요. 그래서 금리나 이런저런 요소로 인해 부동산 가격이 떨어지는 시기도 분명 있겠지요. 하지만 통화량은 계속해서 늘어나고 '돈의 가치'는 지속적으로 떨어질 수밖에 없다는 진리는 변하지 않습니다.

돈이란 물처럼 쏟아지면
주워 담을 수 없다
▼ ▼ ▼

저는 살면서 한 번도 '경기가 좋다'라는 말을 들어본 적이 없고, 한 번도 라면값이 내려가는 걸 본 적이 없어요. 물론 호황이던 시절이 아예 없진 않았겠지만 기억이 잘 안 나는 걸 보면 대개 양극화 문제로 서민들은 어렵다는 얘기만 있었던 것 같습니다. 청년 실업은 항상 문제였고, 경기는 항상 어려웠고, 장바구니물가는 매번 서민의 어깨를 무겁게 한다는 이야기만 나왔어요.

수십 년간 살기 팍팍하다는 얘기만 들어왔는데 물가는 계속 오르기만 했습니다. 참여정부 정책으로 떨어질 것이다, 리먼사태로 폭락해서 다시는 오르지 않을 것이다 등 아무리 종말론이 나와도 부동산 가격은 어떻게든 오뚝이처럼 되살아나 우상향으로 갔습니다.

돈을 물과 같습니다. 한번 시장으로 쏟아지면 다시 주워담을 수 없지요. 제가 국민학생 때 교통비와 비상금으로 하루에 500원을 받았거든요. 당시 학교 앞에서 오징어포를 50원, 과자를 100원 정도에 사 먹을 수 있었어요. 지금 100원으로는 츄파춥스 하나도 사 먹지 못하는데요. 요즘 새우깡 한 봉지에 1,400원 하더라고요. 세상 사람들이 과자를 싫어하게 되고, 과자가 안 팔리고 넘쳐나게 되면 새우깡이 한 봉지에 100원이 될 수 있을까요? 그

이번 생에 건물주 한번 돼보고 죽을랍니다

럴 일은 절대로 없을 겁니다. 그 전에 과자 만드는 사람들이 다 사라지겠지요.

자, 드디어 집값이 비싼 이유를 알게 되었습니다.

> "앞으로도 물가든, 집값이든 계속 오를 것이다.
> 내가 아무리 열심히 돈을 벌어도
> 돈이 더 빠른 속도로 '만들어지고' 있다."

내 손에 돈이 없다고, 사람들이 다 돈이 없는 게 아니었습니다. 자본주의 시스템 안에서 돈의 총량이 점점 많아지면서 돈의 가치가 떨어지고, 자연히 값이 오를 수밖에 없었던 것이죠. 빨간 약을 먹고 숨겨진 진실을 알게 된 〈매트릭스〉의 네오가 이런 기분이었을까요.

내가 돈이 없다고 남들도 없다고 착각하지 말자

2장

자본주의에 '이용되는 사람'에서 자본주의를 '이용하는 사람'으로

저의 어린 시절은 평범했습니다. 아버지는 열심히 일하시던 곳에서 구조 조정으로 회사를 나오게 됐고, 퇴직금은 주식 투자로 잃으셨습니다. 어머니는 다단계 사업을 하시면서 손해를 보셨지만 먹고살 만했어요. 저희 부모님은 평생 열심히'만' 사셨어요. 더 잘살기 위해 했던 투자는 항상 생활을 더 궁핍하게 만들었고 그럴 때마다 많이 힘들어 하셨습니다. 그래서 사업과 투자는 탐욕이며, 땀으로 돈을 버는 것을 진리라고 믿고 사셨어요. 자식들 걱정하는 마음에 항상 '욕심 부리지 말거라, 너만 못한 사람이 어디 있겠느냐' 이렇게 겸손함을 가르쳐 주셨죠. 그래서 저도 열심히만 살면 원하는 꿈을 이룰 수 있을 거라 생각해 왔습니다.

그런데 오히려 '주제 파악'이 될수록 열심히 사는 게 능사가 아니란 생각이 확고해졌습니다. 저는 2015년에 처음으로 내 집 마련을 한 뒤 2019년도부터 본격적으로 부동산 투자에 뛰어들었는데요. 투자자가 되기 전부터 꾸준히 부업을 하던 상태였습니다. 그런데 이렇게 열심히 일하며 돈을 모아도 현실적으로 사랑하는 가족들과 좋은 곳에서 좋은 음식 먹으며 살기 어렵다고 판단했습니다. 내 집 마련으론 부족했어요. 물가는 오르고, 교육비며 부모님 노후까지 들어갈 돈은 많아지는데 제가 언제까지 일을 할 수 있을지 불확실했어요.

저자의 2023년 기준 60세까지 납부 시 국민연금 예상 수령액

향후 받게 될 예상연금월액

만 60세*까지 계속 납부하여 총 **440**개월을 납부 할 경우 받게 될 예상연금월액입니다.

(천원 미만 절사 표기)

예상 연금월액 매월 1,336,000 원

향후 소득 및 물가가 변동하지 않는 것으로 가정하여 현재 보험료로 만 60세까지 중단 없이 납부할 경우 매월 받게 될 예상연금월액입니다.
현재 보험료를 납부하지 않으시는 분은 지금부터 만60세까지 연금보험료를 매월 90,000원씩 납부하는 것으로 가정하였습니다.
만 60세가 되어도 10년(연금을 받을 수 있는 최소 가입기간)을 채울 수 없는 분은 임의계속가입을 신청하여 10년을 납부하는 것으로 가정하였습니다.
가입기간 10년 이상의 임의계속가입자는 상단의 기준일(월)까지 납부하는 것으로 가정하였습니다.
소득이 오르면 예상연금월액이 올라가고, 소득이 줄거나 납부를 중단하면 예상연금월액은 줄어듭니다.
예상연금월액과 실제 지급액이 다를 수 있으므로, 연금 신청 전에 상담을 하시기 바랍니다.

자본주의에 '이용되는 사람'에서 자본주의를 '이용하는 사람'으로

이런 상황을 대비하기 위한 대표적인 자산으로 연금이 있는데요. 카카오톡으로 국민연금 예상 수령액을 조회해 보라는 메시지가 떠서 조회해 본 적이 있습니다. 저의 경우 현재 가치 기준 140만 원가량 나왔습니다. 저 금액으로 지금도 한 달을 살기 힘든데 몇십 년 뒤의 연금 개시일까지 연금만 믿고 있다간 어려운 현실을 맞이하게 될 것은 자명했습니다.

"월급만으론 안 된다."

결론은 하나였습니다. '현재 내 상황에서 월급만으론 도저히 자본주의에서 살아남을 수 없다. 다른 방법을 찾아야 한다. 그렇다면 어떻게?' 그렇게 찾게 된 것이 부동산이었습니다.

직장 생활로 10년 뒤에
5억 원을 벌 수 있을까?
▼ ▼ ▼

직장인의 꿈인 파이어족이 되려면 연 지출액의 25배, 최소한 5억 원은 있어야 한다는데요. 이 기준도 요즘 생각하면 너무 빡빡한 것 같지만… 10년 동안 5억 원을 벌려면 어떻게 해야 할까요? 1년에 5,000만 원을 모아야 하고 그러려면 한 달에 416만 원을 저축해야 합니다. 2023년 기준 연봉 6,000만 원인 직장인의

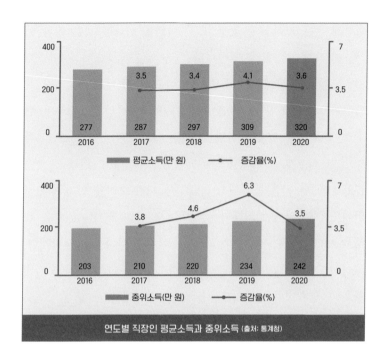

연도별 직장인 평균소득과 중위소득 (출처: 통계청)

한 달 실수령액이 414만 원입니다. 연봉 6,000만 원 받는 직장인이 월급을 단 한 푼도 쓰지 않고 꼬박 10년을 모아야 하는 돈이 5억 원이죠. 그런데 통계청의 조사에 따르면 2020년 기준 우리나라 직장인들의 평균 월급은 320만 원입니다(「2020년 임금근로 일자리 소득(보수) 결과」).

평균적인 직장인들의 월급으로는 10년간 한 푼도 안 써도 5억 원을 모으기 힘들다는 얘기지요. 2022년 12월 기준 서울 아파트의 중위값이 10억 원 정도임을 생각해 봤을 때 직장인이 착

자본주의에 '이용되는 사람'에서 자본주의를 '이용하는 사람'으로

실하게 돈을 모아서 서울에 내 집 마련을 한다는 것은 거의 불가능에 가깝다고 할 수 있습니다.

그럼 부동산에 투자하면 어떨까요? 용산에는 용산파크자이아파트(주상복합)가 있습니다. 이곳의 공급면적 $123m^2$의 경우 2006년 10억 원을 돌파한 뒤 리먼 사태를 겪으며 2013년 7억 5,500만 원으로 25%가량 곤두박질쳤었습니다. 그런데 2020년 17억 3,000만 원을 돌파했고 하락장에 대한 우려가 있던 2022년 말에도 16억 원의 실거래가를 찍었어요. 금리나 기타 변수는 제하고 2013년 무렵 7억 5,500만 원에 이곳을 샀다고 가정합시다. 그러면 7년 뒤인 2020년에 무려 9억 7,500만 원의 수익을 기대할 수 있었습니다(네이버부동산 국토부실거래가 참고).

2023년에도 7억 원은 큰돈인데 10년 전인 2013년에 7억 원은 너무 크게 느껴질 수 있습니다. 일반적인 사람들이 진입하기에 용산이 너무 멀게 느껴진다면 다른 예를 들어볼게요. 4호선과 7호선 환승역인 노원역을 끼고 있어 상계주공 단지들 중 대장주에 속하는 상계주공3단지의 경우 2009년에 리먼 사태 직후 1억 1,000만 원이면 살 수 있었어요. 1억 원도 작은 돈은 아니지만 당시의 일반적인 직장인이라도 조금만 마음먹으면 대출을 통해 접근할 수 있는 가격이었어요. 이후 상계주공3단지는 2021년 실거래가가 6억 2,500만 원까지 상승하게 됩니다. 12년 동안 5억 1,500만 원이 오른 겁니다. 10년간 5억 원이 오른 건데요(네이버 부동산 국토부실거래가 참고). 사실 부동산의 정확한 상승폭과 하락폭을 확인하려면 층수나 특수거래, 로열동과 비선호동 등의 변수들을 고려해야 하지만 어쨌든 신저가와 신고가는 그 아파트 단지의 가치를 보여주는 상징적인 수치이긴 합니다.

주식도 코인도 아닌
부동산을 선택한 이유
▼ ▼ ▼

앞선 사례를 통해 우리는 똑같이 5억 원이라는 목표를 향해 가더라도, 자본주의 체제에 이용당하기만 하는 사람은 우직하게 일을 해서 돈을 벌고, 자본주의를 이용하는 사람은 시스템을 이용해 돈을 벌 수 있다는 걸 알 수 있습니다. 여기서 한 가지 질문을 던져보고자 합니다. 돈은 누가 버는 걸까요? 돈을 버는 건 사람일까요?

제가 부자들을 열심히 살펴본 결과 부자들은 절대로 돈을 스스로 벌지 않더라고요. 어떤 식으로든 부자들은 돈이 돈을 벌도록 시스템을 갖추고 있었습니다. 잠자는 동안 돈을 벌 수 없다면 평생 일해야 한다는 워런 버핏의 명언도 있잖아요.

저는 그래서 제 대신 돈을 벌게 해줄 방법으로 부동산을 택하기로 했습니다. 부동산이야말로 가장 믿을 만하고, 투자했을 때 성공할 가능성이 높은 파이프 라인이기에 단순히 내 집 마련

자본주의에 '이용되는 사람'에서 자본주의를 '이용하는 사람'으로

을 넘어서 투자에 적극 나서 다주택자가 되기로 결심한 것이죠. 그리고 이왕 도전하는 김에 목표를 '건물주'로 크게 잡았어요.

주식도 있고 비트코인도 있고 할 거 많은데 왜 부동산만 생각하느냐고요? 저는 주식으로 크게 망한 사람입니다. 주식만 생각해도 오금이 저려요. 젊을 때야 실패해도 다시 일어설 체력이 있지만 노후 자금 계획이 실패하면 그 리스크는 감당하기 힘듭니다. 주식도 부동산도 모두 리스크가 따르지만 주식에 비해 부동산 투자가 안정적으로 접근할 수 있다고 생각해요. 미래의 삼성전자 같은 유망 기업을 선별하는 것은 전문가들도 어려워하는데, 그보다 수십 년 동안의 데이터로 증명된 수도권 부동산에 투자하는 것이 훨씬 더 안정적이라고 생각합니다.

물론 주식과 다르게 부동산은 목돈이 들어간다는 단점이 있습니다. 적은 돈을 적립식으로 천천히 투자해 나가기 힘들다는 단점이 있어요. 그러나 생각을 조금만 바꾸면 보통 사람들 수준의 자금으로 진입할 수 있는 기회도 충분히 많다고 생각합니다.

실제로 제가 투자한 물건들도 생각보다 돈이 많이 들지 않았습니다. 평균적으로 부동산 한 채당 1,000~2,000만 원의 투자금이 들었으며 월세 수입도 얻을 수 있었습니다. 이런 집을 10채 정도만 보유하더라도 한 달에 200만 원 정도의 현금 흐름을 창출할 수 있습니다. 이걸 다시 재투자한다고 생각하면 가능성은 무궁무진하지요. 장기적으로 보유한 부동산 가격이 올라간다면 수익률

이번 생에 건물주 한번 돼보고 죽을랍니다

은 더욱 높아집니다. 물론 리스크를 충분히 계산해야 합니다.

의식주에서 집은 우리 삶에 필수인 재화입니다. 명품이야 안 입고 안 신으면 그만이고, 미슐랭이니 오마카세니 안 먹으면 장땡이지만 집은 일단 있어야 합니다. 대궐 같은 집이든 별도 안 드는 반지하든 일단 내 한 몸 누울 곳이 필요해요.

어디에 사느냐에 따라 우리 삶의 질도 달라집니다. 로또에 당첨되면 집부터 사겠다는 사람이 많은데요. 심지어 '부동산 폭락론자'들도 당첨금으로 집 한 채는 살 거라는 사람이 널렸습니다. 그만큼 모든 이들이 부동산 가격과 관계없이 내 집이 주는 안정감, 내 집의 필요성을 마음속 깊이 느낀다는 것입니다. 즉, 다른 투자에 비해 필수재인 집은 어떤 형식으로든 모든 사람이 참여하는 시장이란 점에 있어 큰 장점이 있습니다.

언론 보도에 따르면 만 15~39세 청년층 중에서 '내 명의의 집이 꼭 있어야 한다'고 응답한 사람이 68.6%로 집을 꼭 가져야 할 필요가 없다고 대답한 13.3%를 월등히 앞섰습니다(연합뉴스, 청년 10명 중 7명 "내 집 꼭 필요"… 85.2%는 현 집값 '부적정', 2021.04.16). 2015~2021년까지 상승장에서 언론에서 가장 화제였던 게 3040 젊은 세대의 '영끌'이었는데 내 집에 대한 열망을 보여주는 현상이었다고 생각해요.

그렇게 조금씩 부동산에 대해 관심을 가지고 공부하게 되었고, 집이란 '사는 곳(live)'을 넘어 투자 가치로서 '사는 곳(buy)'

자본주의에 '이용되는 사람'에서 자본주의를 '이용하는 사람'으로

이 될 수 있다는 사실을 체감하기 시작했습니다. 내가 아무리 집은 '사는 곳(live)'이라고 외쳐도 자본주의 사회에서 한정된 자원인 '토지(부동산)'는 '사는 곳(buy)'이 될 수밖에 없는 운명이란 사실을요.

부동산 투자 공부는
드래곤볼 '마인 부우'처럼
▼ ▼ ▼

저는 부동산 공부를 시작한 뒤 고수들이 남긴 명언이나 삶의 자세를 제 삶에 적용시키려 무던히 애를 썼습니다. 이미 성공했던 사람의 지나간 이야기로 생각하지 않았어요. 역사는 계속해서 반복되니까요.

직접 만나볼 수는 없어도, 요즘엔 수많은 서적과 영상 등의 형태로 성공한 분들의 노하우를 손쉽게 찾아볼 수 있는데요. 주로 유튜브를 통해 공부했어요. 운전할 때, 쉴 때를 가리지 않고 듣고 연구하다 보니 공통적으로 그들에게서 발견한 것이 바로 '간절함'이었습니다. 저도 그 간절함이 충만했기 때문에 '나라고 못할 건 없다'라고 생각했습니다. 일단 목표를 정했습니다.

"나는 앞으로 부동산 30채를 보유할 것이다.
나아가 건물주가 될 것이다."

44   이번 생에 건물주 한번 돼보고 죽을랍니다

유튜브에서 부동산 30채를 등기했다는 고수의 영상을 보고 저도 목표를 '수도권 등기 30채'로 정했습니다. 물론 처음에는 막연했습니다. 투자 사례를 봐도 이해되지 않는 점이 많았습니다. 그래도 무작정 공부했어요. 법원의 경매 물건을 검색해 보기도 하고 법원에 가서 경매가 진행되는 것을 구경하기도 했습니다. 하루 종일 매물을 살피다 보니 어떤 물건이 새로 올라왔고 없어졌는지 훤히 보일 정도였습니다. 또 부동산에 가서 요즘 시장 분위기가 어떤지 묻기도 했지요. 실제로 매매를 하지도 않는데 부동산에 찾아가면 사장님이 싫어하지 않을까, 걱정도 했는데 기우에 불과했습니다.

2023년 초, 새롭게 개봉한 〈슬램 덩크〉 극장판이 3040세대의 향수를 자극하며 엄청난 반향을 일으켰는데요. 1990년대에 학창 시절을 보냈던 사람이라면 〈슬램 덩크〉 못지않게 선풍적인 인기를 끌었던 만화 〈드래곤볼〉을 모를 리 없을 겁니다. 〈드래곤볼〉에는 '마인 부우'라는 보스 캐릭터가 등장하는데, 동글동글 귀여운 외모와 달리 엄청난 파괴력을 가지고 있어요. 마인 부우가 무서운 이유는 자신보다 특출난 대상의 살점을 감싸 상대의 지성과 힘, 능력을 자신 것으로 흡수할 수 있기 때문입니다.

부동산 얘기를 하다가 갑자기 마인 부우 얘기를 왜 하느냐, 부동산을 잘 하려면 마인 부우처럼 '흡수력'을 갖춰야 하기 때문입니다. 이미 부동산과 관련한 유튜브 영상이나 책은 넘쳐납니다. 그러나 같은 정보를 보더라도 실행력에 따라 누군가는 제자리이고, 누군가는 성장을 합니다. 그런데 저는 실행력보다 흡수력이 중요하다고 생각합니다. 얼마나 잘 흡수하느냐에 따라 실행 여부가 결정되기 때문이지요.

처음 2019년에 유튜버 '부동산 읽어주는 남자(부읽남TV)'님의 "절대로 전세 살지 마라"라는 영상을 보았을 때 든 생각은 '와, 대단하다'가 아니라 '어? 나라고 못할 게 뭐 있어?'였습니다. 부읽남이 했으면 나도 할 수 있는 거 아닌가? 영업직이어서 하루 종일 운전을 하며 돌아다녔는데 그때부터 부읽남 님의 영상을 처음부터 끝까지 계속 틀고 다녔습니다. 반복해서 듣고 또 들으며 내용을 흡수했어요.

거의 '빙의' 수준으로 반복해 영상에 나온 이야기를 모두 외울 정도였습니다. 유튜버 '아포유'님 영상도 마찬가지였어요. 그냥 하루 종일 들으며 내 것으로 만들기 위해 노력했습니다. 일단 한번 꽂히면 3~4일 동안 계속 그 영상만 봤어요. 거의 '세뇌' 수준으로 반복해서 연구하면, 나보다 앞서 갔던 고수들의 경험을 '간접 경험'을 넘어 '직접 경험'의 수준으로까지 체감할 수 있어요.

"100번 듣는 것보다 한 번 실천하는 것이 중요하다고 하는데,
저는 1,000번을 듣고 생각한 뒤에 실행하면

이번 생에 건물주 한번 돼보고 죽을랍니다

100번 듣고 실천하는 것보다

훨씬 좋은 결과가 나올 수밖에 없다고 생각해요."

당시 "절대로 전세 살지 마라" 영상에는 부읽남 님이 신혼 집으로 출발했던 안양 평촌 부영아파트 15평형이 예시로 나왔습니다. 업로드된 2017년도 기준 매매가 2억 6,000만 원에 전세가가 1억 8,000만 원이었고, 월세는 1,000만 원에 60만 원이었습니다. 전세자금 대출을 80%까지 받고 이자율이 3%라고 했을 때 전세로 살 시 월 이자는 36만 원이지요. 내가 필요한 돈은 3,600만 원인 것이고요. 월세로 치면 3,600/36과 같습니다. 내 돈 1,000만 원이 들어가는 1,000/60 월세와 비교하면 월세가 월 24만 원이 손해입니다.

그런데 말입니다. 부읽남 님은 이건 산수적인 이야기라고 말하셨어요. 월세로 살면 나머지 2,600만 원의 여유 자금이 생긴다는 게 핵심이고, 이걸로 다른 방식으로 월 24만 원 이상의 수익을 낼 수 있다면 전세보다 월세가 낫다는 게 요지였습니다.

2,600만 원을 활용해 내 소유의 부동산을 사고, 그 부동산을 전세를 줘서 시세 차익을 얻거나 월세를 받고, 나 역시 월세로 사는 게 훨씬 이득일 수도 있다는 것입니다. 이것이 바로 '재테크 마인드'입니다. 전세라는 제도는 전적으로 집주인에게 유리한 제도이며 이 제도 안에서 '당하는' 사람이 아니라 내가 전세

자본주의에 '이용되는 사람'에서 자본주의를 '이용하는 사람'으로

를 '주는 사람'으로 바뀌어야 한다는 말이 가슴 깊이 와닿았어요. 내가 모으는 돈보다 전세금이 더 오르면, 잃게 되는 기회비용이 얼마나 클까요?

많은 사람들이 과감하게 전세를 포기하고 투자에 나서지 못하는, 알면서도 실천하지 못하는 이유가 바로 '확신'이 없어서이기 때문입니다. 그런데 반복해서 공부하고 고수의 주장을 증명하는 증거들을 무수히 '흡수'하다 보면 '의심'이 '확신'이 됩니다. 확신이 바탕이 될 때 비로소 실천할 수 있는 것이지요.

그래서 저는 지금도 여전히 고수들을 '흡수'하기 위해 끊임없이 공부하고 노력합니다. 커뮤니티의 유명한 네임드들의 글들은 물론 유명 유튜버들의 영상도 즐겨 살펴봅니다. 이렇듯 부동산에서 투자 마인드를 가지려면 '마인 부우'가 되어야 한다고 생각해요.

기회는 참여자에게만 주는 선물
▼ ▼ ▼

지금으로부터 10여 년 전 배우자와 제주도로 여행을 간 적이 있는데요. 드라마 〈올인〉의 촬영지로 유명한 섭지코지 쪽이었는데 미세 먼지도 없고 바닷물도 맑은데다가 날씨도 너무 좋더라고요. 택시기사 님에게 근방에 집 지을 수 있는 땅은 얼마

이번 생에 건물주 한번 돼보고 죽을랍니다

정도냐고 물으니 해변에서 조금만 들어가면 평당 15∼20만 원 정도라고 하더라고요. 몇천만 원 정도면 100평 정도 되는 땅을 사서 컨테이너 집이라도 지을 수 있으니 너무 좋아 보였습니다. 그런데 당시 어리고, 경험도 돈도 없었기에 '다음에 기회가 있겠지' 하고 그냥 넘겼어요. 그러고 나서 제주도 땅을 중국인들이 쓸어간다는 뉴스와 함께 엄청난 폭등장이 찾아왔습니다. 가끔 '그 땅을 15만 원에 샀으면 지금 얼마가 됐을까?' 문득 생각하곤 합니다.

사람이란 본디 욕심이 커서 한 방에 인생을 역전할 수 있는 로또를 바랍니다. 그리고 로또가 되지 않는다며 불만을 표하지요. '경기도 아파트도 마련하지 못하는데 서울에 어떻게 내 집을 마련해. 이번 생은 망했어'라고 말이죠. 저는 솔직히 이런 마인드를 가진 사람은 평생 집을 살 수 없는 사람, 남의 집에서 얹혀 살 운명이라 생각합니다. 이런 사람이 과연 부동산 가격이 떨어졌을 때 기회를 잡기 위해 열심히 공부하고 임장하며, 아껴서 저축하고 투잡을 뛰며 돈을 모을까요? '소확행'을 말하며 소비를 즐길 겁니다. 아마 하락장이 찾아오면 '그것 봐, 역시 부동산은 끝났어'라고 생각하거나 '집을 사지 않아 다행이다'라고 안심하겠지요. 그리고 다시 상승장이 찾아왔을 때 '망했어'라는 생각을 반복할 게 뻔합니다.

그리고 제주도의 경우처럼 부동산은 주식처럼 기회가 왔을

자본주의에 '이용되는 사람'에서 자본주의를 '이용하는 사람'으로

때 사기엔 이미 늦은 경우가 많습니다. 누구나 바닥에서 집을 사고 싶어 하는데요. 바닥을 잡는다는 건 불가능하기에 대부분 어느 정도 장이 반등할 때 기회를 잡아보려 하기 마련이에요. 그런데 부동산이 상승할 조짐이 보이면 사고 싶어도 못 사는 경우가 허다합니다. 왜냐면 매물을 내놓은 매도자가 갑자기 집을 보러 오겠다는 연락을 우수수 받기 시작하면서 분위기가 전환되었다는 것을 누구보다 먼저 알아차리기 때문이에요. 호가를 올리거나 좀 더 지켜보겠다며 매물을 거둬들이는 경우가 굉장히 많습니다. 그리고 상승장에선 계약을 했어도 계약금보다 더 높은 금액으로 사겠다는 사람이 나타나게 되면 매도자가 배액배상(계약금 2배)을 감수하고 계약을 파기하는 경우도 많습니다.

만약 수많은 매수 대기자들보다 먼저 분석하고 시장에 참여해서 시세가 움직이기 전에 살 수 있다면 좋겠지만 정책 발표나 갑작스러운 이슈로 인해 분위기가 전환될 경우에는 그 타이밍을 잡는 것은 불가능에 가깝죠. 한 방을 노리면서 시장에 참여하지 않고 기회만 노리다 보면 자본 시장에서 낙오자가 될 리스크가 있습니다. 그래서 부동산 시장이 우상향 한다는 믿음이 있다면 그 시기가 언제든 내가 필요로 할 때 시장에 뛰어들어 상승과 하락을 동시에 경험하고 대응한다면, 상승장이 찾아왔을 때 그대로 수혜를 받을 수 있다고 봐요.

3장

상승론자 vs 폭락론자, 어디에 베팅할 것인가?

2015~2021년은 그야말로 엄청난 부동산 상승장의 연속이었는데요. 이 시기 동안 부동산이 상승한 이유에 대해선 여러 가지 원인이 있겠지만 개인적으로 통화량이 증가한 것과 규제의 부작용, 그리고 금리 인하가 큰 영향을 미쳤다고 생각합니다.

길었던 상승 분위기는 2022년부터 다소 반전되기 시작했습니다. 가장 큰 이유는 역시나 금리였습니다. 서서히 시작된 미국 연방준비제도이사회(연준)의 금리 인상은 세계 경제에 큰 영향을 미쳤고 우리나라도 예외가 아니었어요.

부동산이 우상향 한다는 가정 하에 대출을 활용하고 전월세

갭 차이를 이용해 투자했기 때문에 당연히 저도 금리 인상에 큰 영향을 받았어요. 물론 금리가 인상될 수도 있다는 가정을 하지 않았던 건 아닙니다. 그런데 '생각보다' 많이 오른 것이 문제였어요. 들어오는 돈도 있었지만 한창 많이 낼 때는 수입과 지출을 정산하고 한 달에 이자만 300~400만 원 가까이 부담해야 할 정도였어요. 한동안 쉬고 있던 배달 알바도 다시 시작했고 아이들이 좋아해서 자주 먹던 치킨과 마라탕도 덜 시켜 먹었어요.

2022년 3월, 미국은 기준금리를 0.25%로 낮춘 지 2년 만에 0.5%로 금리를 올렸고 이후 2023년 3월까지 금리를 5%까지 끌어올렸습니다. 미국은 세계 최대의 경제 대국이고 가장 매력적인 투자처인데 미국이 금리를 높이면 다른 나라들 입장에서 자국의 자본이 미국으로 빠져나가지 않도록 따라서 금리를 올릴 수밖에 없습니다. 이것이 우리나라 금리가 오른 결정적인 이유라 할 수 있습니다.

금리가 전부는 아니지만 부동산 경기에 많은 영향을 미친다는 건 부정할 수 없는 사실인데요. 만약 내가 3억 원을 대출했고 연이율이 1.5%라면 한 달에 37만 원가량만 이자를 내면 됩니다. 그런데 여기서 금리가 4%로 뛰면 한 달에 100만 원을 이자로 내야 하지요.

미국이 금리를 급격히 인상한 이유에 대해 전문가들은 여러 가지 이유를 내놓고 있는데요. 러시아와 우크라이나의 전쟁

이번 생에 건물주 한번 돼보고 죽을랍니다

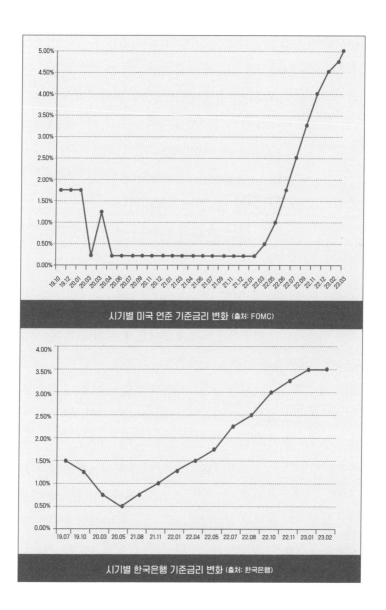

시기별 미국 연준 기준금리 변화 (출처: FOMC)

시기별 한국은행 기준금리 변화 (출처: 한국은행)

상승론자 vs 폭락론자, 어디에 베팅할 것인가?

으로 인한 공급망 문제로 인플레이션이 촉발되자 이를 억제하기 위해서라는 얘기도 있는데 결국 한마디로 요약하면 '물가'입니다. 저금리가 오랫동안 유지되었고 코로나19 팬데믹으로 너무 많은 돈을 풀어 통화량이 늘면서 물가가 치솟아 이를 억제하기 위해서라는 게 전문가들의 중론이에요.

감당할 수 있는 대출이자는
결코 손해가 아니다
▼ ▼ ▼

2022년 최고의 유행어는 '중꺾마(중요한 건 꺾이지 않는 마음)'였는데요. 저는 어렸을 때부터 '깡다구' 하나는 좋았습니다. 한 번 마음먹으면 어떻게든 해내려 했어요. 12시간씩 '짱깨' 소리 들으며 오토바이를 타면서 꾸역꾸역 주식으로 진 빚을 다 갚았고요. 가수가 되고 싶었던 어린 시절엔 기타를 한번 잡으면 스스로가 흡족할 때까지 손에서 놓지 않았어요. 아침부터 저녁까지 물만 마시면서 기타 치고 노래만 부르기도 했어요. 하다못해 친구들끼리 치는 당구만 해도 그래요. 내기를 하는데 맨날 지는 거예요. 그래서 포기했느냐. 아니요. 당구 명인이신 양귀문 선생님의 동영상을 보면서 공부했습니다. 그렇게 열심히 당구를 공부해 친구들을 다 뛰어넘었습니다. 그런 모습을 보면서 친구들은 저보고 지독한 독사라고 말하기도 했습니다.

부동산 투자에서도 그런 기질이 발휘되지 않았나 생각합니다. 제가 본격적으로 투자했던 2019~2022년 시기는 저금리 기조였기 때문에 저는 나름대로 상승 가능성과 투자 리스크를 따져보고 공격적으로 투자에 임했습니다. 커뮤니티에 등기권리증을 인증하고 주기적으로 투자 경험을 소소하게 공유하는 것에 대해 대단하다는 말을 많이 들었는데 금리가 오르자 기다렸다는 듯이 저에 대해 안 좋게 말씀하시는 분들이 생겼습니다.

그런데 저는 감당할 수 있는 대출이자는 결코 손해가 아니라고 생각해요. 저는 고금리 상황에서도 여러 가지 부수입과 부동산을 통해 부족하지만 현금 흐름을 만들어냈을 뿐 아니라 심지어 추가적인 투자도 할 수 있었거든요. 제가 네이버 부동산 스터디 카페에 쓴 글에서 인상 깊은 댓글을 본 적이 있는데요.

"부채는 갚는 게 아니라 인플레이션으로 녹이는 것이다."

이 댓글을 보고 정말 무릎을 탁 쳤어요. 금리가 오르는 것은 넘쳐흐르는 통화량을 잡겠다는 당국의 의지라고 할 수 있습니다. 그런데 앞서 다뤘듯이 돈이란 건 한번 시장에 흘러들면 다시 회수할 수가 없어요. 시장 전체로 보았을 때 계속해서 만들어지기만 하고, 사라지지는 않는 게 돈입니다. 결국 인플레이션은 '속도'의 문제일 뿐 자본주의 체제에서 '필연적'으로 따르는 현상입

상승론자 vs 폭락론자, 어디에 베팅할 것인가?

니다. 부동산 역시 물가 상승에서 자유로울 수 없을 테고요. 지금 먹을 수 있는 마시멜로 한 개를 참아 미래에 더 많은 마시멜로를 먹을 수 있다면 당장의 이자는 결코 손해가 아닙니다.

이쯤에서 소위 하락론자들이 주장하는 얘기가 빠질 수 없겠죠. 바로 인구 감소입니다.

부동산 투자를 망설이게
하는 인구 감소
▼ ▼ ▼

저는 부동산이 장기적으로 하락한다고 믿는 사람들의 생각도 존중합니다. 모두에게 각자의 생각이 있는 거겠죠. 그런데 하락론자들의 의견에 크게 공감하지 못하는 부분이 바로 인구감소입니다.

부동산 하락론자들이 가장 자주 근거로 내세우는 것이 '고령화와 인구 감소'입니다. 아무리 돈의 가치가 떨어지고 물가가 오르더라도 집을 살 사람이 없고 빈집이 늘어나면 부동산 가격이 유지가 되겠냐는 것입니다. 실제 2019년 통계청에서 조사한 「세계와 한국의 인구현황 및 전망」을 보면요. 우리나라의 인구는 2019년 5,200만 명에서 2067년 3,900만 명으로 줄어들 것으로 전망되고 있어요. 여기서 더 심각한 건 연령별 구성비입니다. 통계청에서 운영하는 '인구로보는대한민국' 사이트에 따르

이번 생에 건물주 한번 돼보고 죽을랍니다

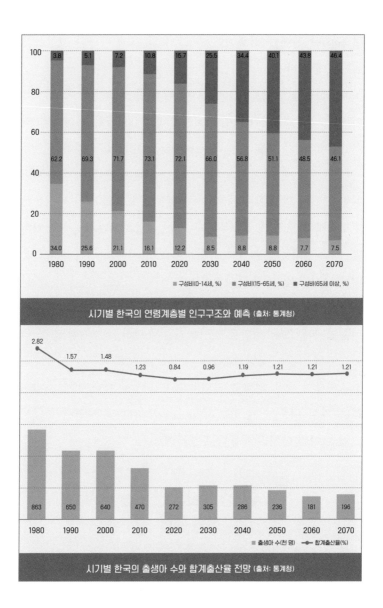

시기별 한국의 연령계층별 인구구조와 예측 (출처: 통계청)

시기별 한국의 출생아 수와 합계출산율 전망 (출처: 통계청)

상승론자 vs 폭락론자, 어디에 베팅할 것인가?

면 2060년 경에는 전체 인구의 43.8%가 65세 이상의 고령자가 된다고 합니다.

출산율을 살펴보면 1980년 한 해 86만 3,000명에 달하는 아이들이 태어났었는데 2020년에는 27만 2,000명의 아이들이 태어났어요. 제가 어릴 때는 한 반에 친구들이 40~50명이나 있었는데 요즘엔 한 반에 20명이 채 되지 않는 곳도 많아 체육처럼 팀별 경기가 필요한 수업의 경우 다른 반과 함께 수업을 진행하기도 하더라고요. 중앙정부부터 서울, 지방자치단체에 이르기까지 온갖 정책들이 쏟아지고 있는데요. 그럼에도 쉽사리 출산율이 올라가지 않는 게 현실입니다.

이처럼 대한민국이 점점 늙어가고, 줄어간다는 건 실제로 사실입니다. 그럼 정말로 하락론자들이 말하는 것처럼 집이 남아돌아서 집값이 폭락할까요?

지방의 경우 정말로 그럴지도 모릅니다. 괜히 지방 소멸이라는 말이 나오는 게 아니지요. 그런데 저는 수도권에 한해서 그런 일이 벌어지긴 힘들다고 생각해요.

수도권 아니면 안 되는
청년 세대
▼ ▼ ▼

단순히 인구가 준다는 사실 외에 다른 지점들을 생각해 봐야 합니다. 행정안전부의 자료에 따르면요. 우리나라에서 서울을 포함한 수도권과 부산을 제외하고 가장 많은 사람들이 살고 있는 경남의 경우 2022년 12월 기준 전년도 331만 4,183명에서 328만 493명으로 3만 명 이상 인구가 줄었어요. 반면에 같은 기간 경기, 인천, 세종의 경우 인구수가 증가했어요(경남일보, 심리적 인구 마지노선 330만 명 깨진 경남, 2023.01.16). 경기도의 경우 2022년 기준 최근 3년간 매해 인구가 늘어나고 있는 상황입니다(경기신문, 경기도 인구 최근 3년간 매년 증가…올해도 증가세 '1359만 명', 2023.01.15). 그러니까 인구가 줄고, 자연히 지방에 사는 사람들도 줄어드는데 수도권에 사는 사람들은 늘어났다는 거죠. 이것이 무엇을 의미할까요?

제가 특히나 주목한 것은 청년 인구예요. 행정안전부 발표에 따르면 2022년 기준 수도권의 인구는 감소했어요. 경기도의 인구가 늘었는데 수도권 인구가 준 것은 서울시의 인구 유출이 컸기 때문인데요. 만 30세 인구만 놓고 보면, 수도권 인구는 2021년보다 3% 늘었습니다. 서울은 2021년 16만 5,879명에서 2022년 16만 9,713명으로, 인천은 4만 3,039명에서 4만 5,005명으로, 경기도는 19만 4,405명에서 20만 871명으로 증가했어요.

도시의 성장과 힘은 청년 인구에서 나오는데 취직을 하고 자리를 잡는 중요한 나이대인 30세 인구가 늘었다는 것은 질적으로 수도권 인구 쏠림 현상이 훨씬 심해진 것이라고 전문가들

상승론자 vs 폭락론자, 어디에 베팅할 것인가?

은 평했습니다(한국일보, 수도권 인구 2년 연속 감소에도 '성장엔진' 청년은 늘어, 2023.01.15).

우리나라는 서울공화국이라고 불릴 정도로 서울과 수도권에 모든 인프라가 집약되어 있습니다. 정치, 경제, 문화 모든 면에서 지방과 서울의 인프라는 비교조차 할 수 없지요. 좋은 일자리도 수도권에 몰려 있고 문화생활은 말할 것도 없습니다.

저는 음악을 참 좋아하는데요. 세계적인 록 가수가 내한해서 서울이 아닌 지방에서 공연하는 걸 본 적이 거의 없는 것 같아요. 전라남도에서 실시한 「전남 청년 종합 실태조사(2019)」를 보면 앞으로 전남에 계속 거주할 것이냐는 질문에 부정적으로 답한 사람이 전체의 28.4%였는데요. 전남을 떠나고 싶은 주된 이유로 '더 나은 일자리(46.5%)'와 '더 나은 문화/여가생활(25.4%)'을 꼽았습니다. 청년들 입장에서 지방과 수도권은 내가 누릴 수 있는 인프라 측면에서 너무 격차가 크다는 것입니다.

이런 현상은 앞으로도 심화될 것이라고 생각해요. 생각해보세요. 1km의 거리에 수도관이며 가스관, 전기를 설치하는 비용은 똑같은데 1km 안에 사람이 한 명만 살 때와 10명이 살 때, 어떤 경우가 더 가성비가 좋겠어요? 물론 각 지자체와 정부가 이민자 정책을 비롯하여 여러 가지 정책을 추진할 것이지만 한계는 있다고 생각해요. 인프라 집중과 이로 인한 청년층의 수도권 선호 현상은 앞으로도 유지될 것이라 생각해요. 자연히 수요

와 공급의 원리에 따라 수도권 부동산의 가치는 앞으로도 유지
될 것이라고 생각합니다.

장기침체에도 도심은
살아남은 일본
▼ ▼ ▼

우리보다 앞서 고령화를 겪은 일본을 보면 우리나라의 미
래도 어느 정도 짐작해 볼 수 있는데요. 일본을 보면 지방과 도
심의 부동산 가격은 천차만별입니다. 부동산 가격은 결국 일자
리와 연관이 깊기 때문에 강남, 종로, 여의도, 판교, 용인 등에
위치한 대규모 일자리가 지방으로 분산되지 않는 이상 수도권
직주근접으로 투자의 방향을 잡는 것이 유효하다는 게 제 생각
입니다.

거미줄처럼 얽혀있는 지하철과 도로를 뜯어서 그대로 지방
으로 옮기지 않는 이상 그럴 일은 없겠죠? 기업들도 인재를 모
집하기 위해 더욱 중심으로 집중할 거고요. 많은 인구가 출퇴근
을 하는 곳이 될수록 인재 영입이 유리하겠죠. 또 기업들끼리
시너지도 생기고요.

제가 얼마 전 타운하우스 지역을 지나가게 됐는데 공실이
엄청 많더라고요. 은퇴하신 분들이 처음에는 전원생활을 위해
들어갔다가 병원도 없고, 상권도 없고, 특히 커뮤니티가 부족해

서 우울증까지 걸려서 다시 도심으로 돌아가고 있다는 얘기를 들었습니다.

부동산은 장기적 관점이 중요하기에 앞으로 부동산 시장이 어떻게 흘러갈 것인가를 관심 있게 보는데요. 온라인 활성화, 라이프스타일의 변화, 미래 직업을 종합적으로 고려했을 때 그래도 안정적인 투자처는 서울과 수도권이라는 결론입니다. 물론 지방도 투자 가치가 있지만 큰 흐름에서 말이에요.

이제 2부에서는 부동산에 미래가 있다는 지금까지의 제 생각을 근거로 공격적인 '영끌 투자'를 했던 저의 경험담들을 소개할 텐데요. 등기를 치고 세입자를 받고, 매도를 하면서 겪은 실질적인 투자 노하우와 개인적 소회에 대해 이야기해 드리고자 합니다. 성공담을 부풀리진 않을 겁니다. 이 책이 부동산 투자를 꿈꾸는 평범한 사람들에게 조금이나마 도움이 되길 원하기 때문에 후회되는 투자에 대해서도 솔직하게 고백할 것입니다. 실제로 제가 매매를 진행했던 건이거나 가까운 지인의 실투자 사례이기 때문에 부동산의 구체적인 위치나 아파트명, 사진 등을 모두 밝힐 순 없지만, 가능한 수준에서 정보를 공개할 것이며 이 내용은 제가 직접 경험한 사실이란 걸 말씀드립니다.

이번 생에 건물주 한번 돼보고 죽을랍니다

2부

N잡으로
버티는 영끌러의
'존버' 이야기

1장

묻지마로 마련한 내 집: 수도권 외곽 아파트

원래 저에게 집이란 개념은 아주 작았습니다. 주식 투자 실패로 큰 빚을 져서 돈 벌기 바빴고 집이란 씻고 잠자는 곳 그 이상도 이하도 아니었거든요. 저는 결혼을 스물아홉 살에 했는데 그때 신혼 생활을 원룸에서 시작했었어요. 다가구 주택이었고 대출을 받아 전세로 들어갔는데 당시 전세금이 4,000만 원이었습니다. 그때가 제가 처음으로 주택시장에 '참여자'로서 진입했던 때였어요.

그렇게 3년 넘게 지내다 우리 부부에게 아이가 생겨 아이를 키우기 더 좋은 환경의 집을 알아보기 시작했어요. 강남, 광화문

등 서울 도심까지 한 시간 이내에 갈 수 있고, 생활환경도 만족
스러웠기 때문에 원래 살던 곳 주변으로 집을 알아보았어요. 그
런데 제가 생각했던 것보다 전월세 시세가 훨씬 비쌌습니다. 당
시 급등으로 괜찮은 투룸 빌라 전세금이 1억 원이 넘었던 걸로
기억합니다. 그래서 익숙한 동네를 중심으로 점점 더 외곽으로
집을 알아보기 시작했고 20km 가량 떨어진 남양주까지 집을 찾
아보게 되었습니다.

서울에선 꽤 떨어진 곳이었지만 비슷한 돈으로 상대적으로
쾌적한 상태의 아파트를 월세로 구할 수 있는 상황이었습니다.
선택의 갈림길에 선 것이죠. 돈을 더 들여서 원래 살던 동네에
서 계속 살든가, 아니면 출퇴근에 고생 좀 하더라도 외곽에 있
는 쾌적한 아파트에서 가족들과 지내든가.

결론적으로 저는 살던 동네를 떠나는 것을 택했습니다. 보
증금을 올려달라는 집주인의 요구가 있었고, 현실적으로 육아도
해야 하는 상황이었기에 결국 이사를 가기로 했어요.

그렇게 새로운 동네에서 3년을 월세살이를 하게 됩니다. 그
렇게 월세를 내다 보니 이 월세가 너무 아까운 거예요. 그래서
저는 저축한 돈에다가 집값의 90%를 대출로 보태 월세로 살던
곳 옆 동을 매매하게 됩니다. 실질적으로 제가 쓴 돈은 2,000만
원 정도였어요. 그때가 2015년도였고 당시 주택담보대출의 이
율이 3% 중반 정도였는데 지금처럼 대출 제한이 크지 않았습니

묻지마로 마련한 내 집: 수도권 외곽 아파트

다. 한 달 이자와 원금으로 80만 원 정도를 지불해야 했지만 드디어 '내 집'이 생긴다는 마음에 기뻤습니다.

경기가 안 좋았던 시기였기 때문에(딱히 살면서 경기가 좋단 말도 못 들었지만) 집을 샀다가 떨어지면 큰일 난다는 우려도 들었었죠. 특히나 서울도 아닌 지역이어서 주변의 걱정을 많이 샀습니다. 저는 '전세가랑 매매가 차이도 크지 않고, 어차피 나중에 전세금 올려달라 그럴 텐데 그럴 바에 집을 사서 맘 편하게 지내는 게 낫지 뭐'라고 단순하게 생각했습니다.

월세를 살다가 전세를 뛰어넘고 곧바로 매매를 선택한 건 제가 특별히 공부를 했거나 똑똑해서라기보다 전세가와 매매가 사이의 갭이 크지 않았던 시기라는 시간적 요소와, 가족들이 마음 편히 집에서 지냈으면 좋겠다는 개인적인 바람에 기인한 게 큽니다. 그런데 결론적으로 이 선택은 제게 큰 깨달음과 이익을 가져다주었습니다.

아무리 비싸 보여도
지나고 보면 싼 가격이다
▼ ▼ ▼

당시는 2008년 리먼 사태 이후 한동안 침체기에 빠졌던 부동산 시장이 반등을 하다가 잠시 주춤했었던 시기로, 부동산 시장의 전망에 대해 설왕설래하던 때였습니다. 이랬거나 저랬거나 제 입장에서 '와, 이런 수도권 외곽의 아파트도 이렇게 비싸다니' 라고 생각할 만큼 '이미' 비싼 가격이었습니다.

당시 대장급 32평 아파트 시세가 3억 원에 달했고 구축도 1억 5,000만 원 정도였어요. 그런데 시간이 지나고 보니 결과론적으로 그 가격은 상대적으로 싼 가격이 되었습니다. 부동산 상승장 때 다들 2배씩은 뛰었으니까요. 시간이 갈수록 수도권 인구 집중 현상은 심화되고 인건비와 물가가 오르는 것처럼, 많은 사람들이 원하는 수도권 부동산의 가격은 부침이 있을지언정 장기적으로 올라갈 수밖에 없다는 걸 체험했지요.

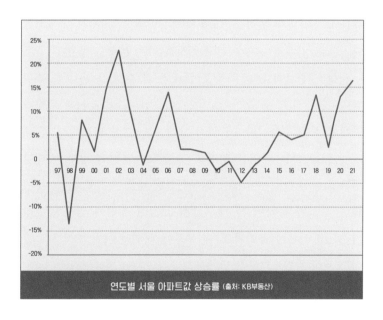

연도별 서울 아파트값 상승률 (출처: KB부동산)

묻지마로 마련한 내 집: 수도권 외곽 아파트

물론 아쉬움도 있습니다. 당시 더 좋은 선택을 할 순 없었을까, 내 집에 내가 살아야 한다는 고정관념에서 벗어나 내 집 마련과 실거주를 분리해서 생각했다면 더 좋은 선택을 할 수는 없었을까, 라는 생각도 해보곤 합니다. 물론 결과론적인 이야기지만요.

저는 오랜 시간 동안 남의 집에 살아온 생활에 지쳐 있었고 한시라도 빨리 내 집을 가지고 싶어 살던 아파트 단지의 매물을 바로 매수하였는데요. 거주지를 옮긴다는 게 생각보다 쉬운 일이 아니에요. 다니고 있는 직장 문제도 있고, 아이들의 경우 전학을 하고 새로운 환경과 친구들 사이에서 적응하기가 어렵기 때문에 초등학생 고학년, 내지 중학생만 되도 이사를 망설이게 되거든요. 반대로 교육을 위해 이사를 가는 경우도 있고요.

즉, 생각보다 많은 사람들이 '내가 살 수 있는 동네'를 추린 뒤 그 안에서 집을 구하기보다는 '익숙한 동네'를 정해두고 그 안에서 집을 구합니다. 저 역시 그랬고요. 그런 의미에서 첫 내 집 마련을 하는 지역을 굉장히 신중하게 정해야 하며, 반대로 투자자 입장에서는 이 점을 활용한다면 좋은 기회를 잡을 수 있습니다. 제가 '종목별 갭 메우기'를 부동산 투자에 있어 중요한 기준으로 삼는 이유이지요. 이 부분에 대해선 책의 후반부에 좀 더 자세히 말씀드리도록 할게요.

실거주 한 채는 돈으로
환산할 수 없는 값어치가 있다
▼ ▼ ▼

그렇게 마련한 내 집에서 5년을 지냈는데요. 이 시기는 하락장을 지나 2015~2021년 찾아왔던 역대급 부동산 상승장과 시기가 겹칩니다. 당연히 제가 거주했던 집의 집값도 꽤 올랐습니다.

물론 집값이 장기적으로 우상향이라도 사는 시점에 따라 수익률은 달라지지요. 상승장 초입부에 아파트를 샀기에 혜택을 받았지만 반대로 상승장 꼭짓점에 매수를 했다면 예금 이율을 생각했을 때 손해를 보거나 간신히 본전이었을 수도 있습니다. 마음고생을 했을 수도 있고요.

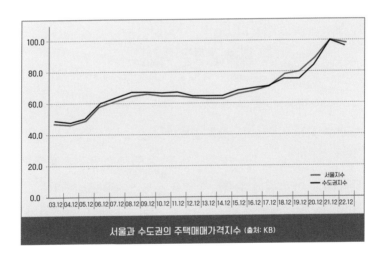

서울과 수도권의 주택매매가격지수 (출처: KB)

그 어떠한 경우를 겪었더라도 저는 후회하지 않았을 겁니다. 지금 생각해도 제가 그때 집을 사길 잘했다고 생각하는 건 돈으로 환산할 수 없는 이익이 있었기 때문입니다. 출퇴근하는 게 힘들긴 했지만 대신 아이들이 쾌적한 공간에서 지낼 수 있었고, 내 집이란 편안한 마음으로 생활할 수 있었습니다.

실제로 많은 전문가들이 이미 주택을 산 1주택자라면, 대출 등을 자기가 감당할 수준이라면 집값에 너무 크게 연연하지 말라고 하는데 저는 이 말에 적극 동의합니다. 그리고 부동산 투자자 입장에서도 일단 '내 집 한 채'로 스타트를 끊는 것은 굉장히 중요합니다. 제가 '첫 내 집 마련'을 첫 번째 투자 경험담으로 소개한 이유도 이 때문입니다.

10억짜리도 1억짜리도
매매 과정은 똑같다
▼ ▼ ▼

부동산 업계에서 '무주택자는 평생 무주택자일 것이다' 라는 말을 심심찮게 들어보셨을 겁니다. 상승장에서 무주택자들은 지금이 꼭짓점이기 때문에 집을 사면 안 된다고 말하고, 하락장에선 더 떨어질 것이기 때문에 집을 사면 안 된다고 합니다. 그러면서 늘 불안해 하지요. 제가 앞서 실거주 한 채는 돈으로 환산할 수 없는 가치, 내 집이 주는 안정감이 있다고 했는데요. 뒤

이번 생에 건물주 한번 돼보고 죽을랍니다

집어 말하면 탄탄한 실거주 한 채가 없으면 언제나 가슴 한편에 불안감을 가지고 있을 수밖에 없다는 겁니다. 그러면서 이 불안함을 해소하기 위해 자신이 보고 싶은 정보, 듣고 싶은 말만 들으며 객관적인 판단을 하지 못하게 되는 것입니다.

고기도 먹어본 놈이 먹는다고, 많지 않은 나이에 일단 집을 사보고 부동산 시장을 경험해 본 것이 추후 상승장에 이르렀을 때 공격적으로 발 빠르게 투자할 수 있었던 밑바탕이 되었다고 생각합니다.

실전 경험이 많을수록 부동산 투자에서 실패할 확률이 줄어드는 것은 당연한 이야기예요. 하지만 돈이 들어가는 문제라서 쉽게 행동에 옮기기 어렵습니다. 공부만 열심히 하다 보면 시기를 놓칠 수도 있고, 시대가 변할 수도 있습니다. 그래서 작더라도 일단 할 수 있는 투자부터 해보는 것이 더 유리하다고 생각해요. 10억짜리 부동산이나 1억짜리 부동산이나 거래는 똑같은 절차이기 때문입니다. 그리고 어찌 됐든 등기를 한번 쳐봐야 부동산에 관심을 더 갖게 되고 공부도 하기 마련이지요.

고수들은 부동산 투자를 하려면 일단 현장부터 돌아다니라고 말하곤 하는데요. 지금 분위기가 어떤지, 기회인지, 관망해야 하는지 나름의 판단이 서게 되고 그 과정이 실제 투자로 이어질 수도 있고요. 뜻대로 되지 않을 수도 있지만 그런 것이 경험으로 남더라고요. 저도 '갈아타기'를 한 뒤부터 본격적으로 투자를 시작했습니다. 이후로 예상치 못한 일로 자금이 막혀서 고생도 여러 번 해봤습니다.

갑자기 법이 바뀌면 어떻게 하지? 혹시 가격이 떨어지면 어쩌지? 세금 폭탄이 나오면 어쩌지? 등 여러 고민이 들겠죠. 그리고 고민을 해결하는 과정에서 나의 투자 레벨은 높아지겠죠.

'이 지역에 사는 사람들은 출퇴근을 주로 어디로 하지? 교통은 편리한가?'

'이 지역 재건축 재개발 사업성이 나는 좋다고 생각하는데 왜 이렇게 싸지?'

'여기는 아무것도 없는데 왜 이렇게 비싸지? 뭐가 있나?'

'이 아파트는 엄청 오래됐는데 왜 재건축이 어렵다는 것이지?'

내 돈이 들어가기 때문에 엄청 알아본다는 것입니다. 그러면서 '왜 이 가격이 형성되어 있는지'를 깨닫게 됩니다.

너무 싸거나 비싸면 분명 이유가 있습니다. 그 이유를 잘 살펴보면 대부분 합리적인 근거가 있습니다. 그리고 아직 시장 가격에 반영되지 않은 지점도 분명히 존재하지요. 이 지점을 잘 포착한다면 누구나 수익을 낼 수 있다고 생각해요.

'여기는 시간이 지나면 개발 압력을 받아 뭐라도 할 수밖에 없는 지역이겠구나.'

'여기는 새 아파트라는 이유로 투자자들이 많이 들어와서

비과세 받고 나가는 수요에 의해 나중에 가격 조정을 많이 받을 수 있겠구나.'

'이러한 법안이 통과되면 앞으로 시장이 어떻게 되겠구나. 과거에도 그랬었지….'

운전 경험이 많은 사람이 초보 운전자를 보면 '저런 습관 불안한데?' 이런 생각 들잖아요. 그래서 저는 투자 경험에 대해서는 오픈 마인드를 가지고 다양한 분들의 이야기를 많이 듣고 부동산 시장도 직접 참여합니다. 제가 아무리 경험이 쌓여도 누군가에게는 초보자일 테니까요. 그렇게 경험을 쌓다 보면 건물주도 언젠가 될 수 있을 거라 생각해요.

N잡의 기본은 본업,
기회는 본업에서 나온다

2022년은 정말 모두에게 힘든 한 해였지 싶습니다.

부동산도 주식도, 각종 경제 수치가 좋지 못했어요.

저 역시 예외는 아니었어요. 아이들이 커가고 지출을 줄이는 건

한계가 있는데 금리가 올라 매달 갚아야 할 이자는 늘어났어요.

그런데 제가 또 깡이 좋거든요. 2부에서는 실전 투자 사례에 더해

빠듯한 상황에서 수입을 늘리고 투자를 이어가기 위해 제가

고군분투한 내용도 함께 소개해드릴까 합니다.

그런데 제가 부수입을 늘린 방법들을 소개하기 전에 먼저

본업에 대해서 말씀드리고 싶어요. 자영업자 분들은 해당이 안

될 것 같고, 직원으로 일하며 월급을 받는 분들에게 해당되는

이야기입니다.

제 자랑인 것 같아 말하기 쑥스럽지만 저는 나름 직장에서

필요한 사람이라 생각합니다. 의료 기기 소모품을 납품하는

사원으로 근무할 당시 저는 성실하게 근무를 했었습니다.

그러면서 여러 대리점 사장님들과도 인연을 맺게 되었고

몇 년 동안 저를 좋게 봐주신 분께서 우리나라에 처음 허가되는

의료 기술 관련 수입 업체에 좋게 소개해주셔서 경력직으로
연봉을 올려서 이직을 하게 되었습니다.

이직한 회사에서는 신규 사업에 매진하는 직원들을 위해 수익을
인센티브 형태로 배분하기로 약속했고, 함께한 직원들은 밤낮과
주말을 가리지 않고 열심히 일을 했습니다. 그러나 회사가 처음
약속한 인센티브를 지급하지 않고 말을 번복하는 것을 보고
회사에 신뢰를 잃었어요.

그러던 중 한 대기업에서도 관련 기술을 개발, 생산한다고 하여
저는 경력을 활용하여 과장으로 입사를 하였고, 지금은 다시
스카우트되어 국내 판매 1위 기업에서 최연소 부장으로 근무를
하고 있습니다.

혹시 '조용한 사직'이란 말을 들어보신 적 있으신가요? 젊은
사람들 사이에 직장에서 받는 만큼만 일하자는 풍토가
유행이라는 말이 뉴스에서 들리더라고요. 제가 너무 '꼰대'라서
그런지 모르겠지만 이런 마인드를 가진 사람을 그리 좋게 보지는
않습니다.

자기가 현재에 만족하고 큰 욕심 없이 살 생각이라면 조용한
사직을 해도 된다고 생각합니다. 그것도 그 사람 마음이지요.
다만 '대충 월급 루팡이나 하지'라고 생각하는 사람은 평생
부자가 되기 힘들다고 생각해요. 적어도 제가 보고, 읽고, 들어온
부자들을 생각해 봤을 때 저는 그렇게 봅니다.

본업을 게을리하는
부자는 없다

시간은 누구에게나 공평하게 주어집니다. 그리고 억만금을
주더라도 지나간 시간을 되돌릴 수 없어요. 이 시간을 얼마나
효율적으로 잘 활용하느냐에 따라 삶의 질이 달라지지요.
당장 하루 중 가장 많은 시간을 직장에서 일하는 데 쓰는데,
이 귀중한 재화를 대충대충 소비하는 사람이 어떻게
다른 시간을 알차게 보낼 수 있을까요?
워커홀릭만이 값어치 있는 삶을 산다고 말하는 건 아니에요.
여유를 가지고 삶을 즐길 시간도 중요하지요. 저 역시 워라밸을
중요하게 생각하는 사람입니다. 취미로 밴드 음악을 하며 나름
큰 무대에서 공연도 하는, 그런 삶을 살고 있으니까요. 다만 현재
나에게 주어진 일을 열심히 하는 게 중요하다는 말입니다. 그게
삶의 태도라고 생각해요. 본업도 대충 하는 사람이 무슨 열정이
있어서 투자 공부를 하고, 발로 뛰며 현장을 임장하고, 한 푼이라도
아끼기 위해 노력하고, 부업으로 월수입을 늘리겠어요.
같은 일을 1만 시간을 하면 그 일에 통달할 수 있다고들 하는데요.
어쨌든 객관적으로 내가 지금까지 가장 많은 시간을 쏟았고, 다른
사람들과 비교했을 때 나에게 있는 차별성은 본업입니다. 이 능력을
잘 개발해서 어떻게 활용할 수 있을지는 나에게 달려 있습니다.

그리고 본업을 열심히 하면 실질적으로 '기회'가 생기기도 합니다.
저 같은 경우에는 본업을 하면서 만난 거래처 사장님과 얘기를
자주 나누면서 친분이 쌓였고, 결국 이 사장님을 통해 좋은
부업거리를 만들 수 있었지요. 홍보용 블로그를 관리해주고
소정의 수고비를 받는 일이었어요. 그 사장님도 제가 일을 열심히
하니 저를 믿고 맡기셨지, 만약 제가 일도 대충 하는 사람이었으면
과연 그런 기회를 주셨을까요?
그리고 세상 모든 일은 연결되어 있다고, 직업 특성상 큰 병원의
이사장이나 병원장 같은 경제적으로나 사회적으로
성공하신 분들을 자주 만나는데요. 그분들이 사람을 대하는 태도나
고가의 장비에 과감하게 투자하시는 모습들을 보면서,
분야는 다르지만 부동산 투자에 필요한 추진력, 인간관계, 결단력에
대해서도 배울 수 있었다 생각해요.

가장 확실하게
보장된 수입

사실 본업이 중요한 가장 큰 이유는 수입이 '예측 가능'하다는
측면 때문입니다. 저는 이런저런 부업을 열심히 하는 편인데요.
한 번도 월수입이 같았던 적이 없습니다. 많게는 저 혼자서만

부업으로 수백만 원을 벌 때도 있지만, 적게는 몇십만 원을
벌 때도 있었어요. 수입이 가변적이라는 것은 가계 운영에
불안정성이 있다는 것이고, 예비 자금을 산정해 불의의 상황에
대비해야 한다는 것입니다. 이런 상황에서 확실하게 보장되는
'월급'만큼 든든한 게 있을까요.

저는 심지어 저와 배우자가 부업으로 버는 돈이 본업을
넘어섰을 때도 있었지만 본업을 접겠다는 생각을 한 번도 한
적이 없어요. 물론 미래에는 건물주가 되어서 파이어족이
되겠다는 꿈을 꾸고 있지만 아직 젊고, 투자해 나가야 할 시간은
한참 남았으니까요.

만약에 내가 영끌을 해서 부동산이나 주식에 투자했다고
칩시다. 혹은 개인 사업을 준비하게 되었다고 합시다. 이런
상황에서 아직 자리도 제대로 잡지 못한 부업에 매진한답시고
본업을 소홀히 하다가 권고사직이라도 당한다면 벌려놓은 일은
수습도 하지 못할 겁니다. 아마 경제적으로 구렁텅이에 빠지게
되겠지요.

사회 초년생 때를 생각해 보세요. 취준생 시절 안정적인
수입처가 없어서 얼마나 마음이 불안했었나요? 부업이나
사업이 어느 정도 자리 잡을 때까지 부업은 '부업'일 뿐입니다.
물론 월급이 마음에 들지 않을 수도 있고, 사업이나 다른 꿈이
있어 지금의 직장을 다른 일로 넘어가기 위한 징검다리로

이번 생에 건물주 한번 돼보고 죽을랍니다

생각할 수도 있을 겁니다.

그러나 그 꿈을 찾아가기 위한 디딤돌이 되어주는 것은

바로 지금의 내 직장입니다. 저와 저의 배우자의 수입을 합해

한 달에 1,000만 원을 넘었을 때에도 저희 부부는 한 번도

직장을 그만두겠다고 생각한 적이 없어요. 현재 내가 하는 일에

자부심을 가지고 본업에 충실한 게 중요하다 생각합니다.

2장

수도권 인구의 절반은 빌라에 산다: 1,000만 원으로 투자하는 구축

저는 아파트에 주로 투자했지만 아파트가 될 수 있는 기반이자 원재료로서 빌라도 공격적으로 투자했습니다. 일단 아파트에 비해 적은 돈으로 투자에 진입할 수 있단 게 가장 큰 이유였어요. 그런데 우리나라가 워낙 아파트 선호가 높아서인지 빌라에 투자한다고 하면 부정적으로 보는 사람들이 많은 것 같습니다.

우리나라 사람들 중에서 자가를 가지고 있는 사람은 얼마나 될까요? 국토부에선 정기적으로 주거실태조사를 하는데요. 가장 최근인 2022년 12월 국토부가 발표한 「2021년 주거실태조사 통계보고서」를 보면 우리나라에서 자가를 보유한 가구는 전체 가구 중 60.6%입니다. 지역별로 나누면 수도권이 54.7%로 광역시 등(62.0%)과 도지역(69.0%)에 비해 적은 편이었는데요. 2020년과 비교했을 때 수도권은 자가 보유 비중이 늘었고 광역시와 도 지역은 감소하는 추세였습니다.

자가점유율은 실제로 자신의 집에 거주하고 있는 사람의 비율을 뜻하는데요. 수도권이 51.3%로 전년 대비 상승하였고 광역시 등이 58.6%, 도지역이 65.9%로 감소 추세를 보였습니다.

수도권의 점유형태를 좀 더 살펴보면 자가 51.3%, 임대 45.7%, 무상 2.9%인데 전년 대비 자가점유 비율이 49.8%에서 소폭 증가하고 임대 가구는 증가하였습니다. 수도권의 자가 비중이 늘고, 자가점유율도 늘었다는 것은 아무래도 부동산 상승장을 지나며 내 집 마련에 나섰던 영끌 투자자가 많았던 영향이지 않을까 싶어요. 어쨌든 수도권 가구의 약 '절반' 정도가 자가가 아닌 '임차인'으로서 지낸다고 할 수 있습니다.

그렇다면 범위를 좁혀 서울 거주자 중 자가가 아닌 사람은 얼마나 되고, 또 아파트가 아닌 주택에서 지내고 있는 사람은 얼마나 될까요? 서울시 열린데이터광장(data.seoul.go.kr)에서는 서울시 주택 현황에 대한 다양한 통계를 확인할 수 있는데요. 우선 2022년 6월 기준 자가점유율은 약 43%입니다. 자기 집에서 살고 있는 사람이 절반이 채 되지 않지요. 2022년 11월 자료 기준으로 서울의 인구수는 한국인과 외국인을 합쳐 968만 2,126명입니

수도권 인구의 절반은 빌라에 산다: 1,000만 원으로 투자하는 구축

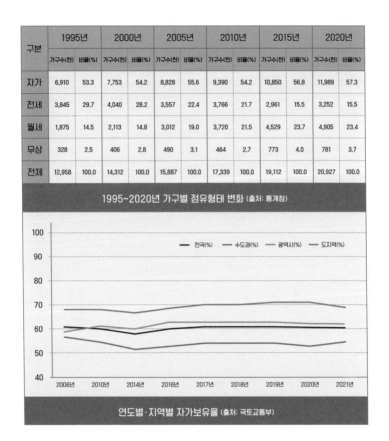

구분	1995년		2000년		2005년		2010년		2015년		2020년	
	가구수(천)	비율(%)	가구수(천)	비율(%)	가구수(천)	비율(%)	가구수(천)	비율(%)	가구수(천)	비율(%)	가구수(천)	비율(%)
자가	6,910	53.3	7,753	54.2	8,828	55.6	9,390	54.2	10,850	56.8	11,989	57.3
전세	3,845	29.7	4,040	28.2	3,557	22.4	3,766	21.7	2,961	15.5	3,252	15.5
월세	1,875	14.5	2,113	14.8	3,012	19.0	3,720	21.5	4,529	23.7	4,905	23.4
무상	328	2.5	406	2.8	490	3.1	464	2.7	773	4.0	781	3.7
전체	12,958	100.0	14,312	100.0	15,887	100.0	17,339	100.0	19,112	100.0	20,927	100.0

1995~2020년 가구별 점유형태 변화 (출처: 통계청)

연도별·지역별 자가보유율 (출처: 국토교통부)

다. 그리고 가구수는 총 404만 6,799세대입니다. 가구수에는 1인 가구부터 다인가구까지 모두 포함되지요. 404만 세대 중 57%, 즉 절반 이상의 서울 시민이 전월세를 살고 있다는 겁니다. 물론 자가보유율과 자가점유율은 다르기 때문에 자가를 보유한 사람 중에서도 전세나 월세를 사는 사람도 있겠지요.

이번 생에 건물주 한번 돼보고 죽을랍니다

다음으로 주택보급률을 한번 살펴볼게요. 서울시 주택보급률을 살펴보면 2022년 6월 기준 377만 8,407호이지요. 그중 아파트는 177만 2,670호입니다. 서울에 있는 주택 중 약 47%가량이 아파트가 아닌 주택이란 것이지요. 404만 세대에서 아파트인 177만 호를 빼면 227만 세대입니다. 그렇다면 이제 다음과 같은 결론을 추론할 수 있습니다.

"서울과 수도권 시민의 절반은 전월세를 살며,
또한 아파트가 아닌 주택에 거주한다."

1인 가구	2인 가구	3인 가구	4인 가구	5인 가구	6인 가구	7인 가구	평균 (인)	합계
1,489,893	1,056,278	779,155	573,191	119,907	23,017	5,358	2.2	4,046,799

2022년 11월 기준 서울시 가구수 (출처: 서울특별시)

단독주택 (영업겸용 포함)	다가구 주택	아파트	연립주택	다세대 주택	주거용 건물내	합계
116,676	953,435	1,772,670	110,562	796,066	28,998	3,778,407

2020년 기준 서울시 주택보급률 (출처: 서울특별시)

수도권 인구의 절반은 빌라에 산다: 1,000만 원으로 투자하는 구축

아파트가 좋다는 건 누구나 알아요. 거의 모든 사람이 아파트에 살고 싶어 하는데요. 그러나 모든 사람이 아파트에 살 수 없다는 게 현실입니다. 결국 누군가는 빌라, 연립주택, 오피스텔에 살아야 한다는 것이죠. 그래서 저는 임차인만 안정적으로 확보할 수 있는 곳이라면 빌라 투자가 충분히 매력적인 투자처라고 판단했어요.

시간으로 미래의
프리미엄을 산다
▼ ▼ ▼

저는 3기 신도시 예정 구축 빌라에 투자를 했었는데요. 아직 조성 중인 신도시에 투자했다니 의아스러울 수도 있습니다. 그런데 저는 바로 그 이유 때문에 기회가 있다고 생각했어요. 3기 신도시는 수요에 비해 부족한 서울의 주택 공급량을 해소하기 위해 국가적으로 지원하는 사업입니다. 앞으로 지하철과 GTX가 생길 예정이고 대규모 상업 시설들이 들어설 가능성도 높습니다. 인서울보단 덜하겠지만 쾌적한 신도시 환경과 좋은 교통을 바탕으로 탄탄한 수요층을 구축할 확률이 매우 높죠. 장기적으로 아파트에서 밀려난 수요에 의해 빌라도 전세가격과 매매가격이 올라갈 것이라 예상했습니다. 그래서 저는 이 지역 근처의 빌라를 집중적으로 매수하기 시작했습니다.

저는 투자에 있어 전세가율을 가장 중요하게 생각하고 접근했습니다. 아무리 좋은 물건이라도 돈이 많이 드는 투자는 수익률이 떨어지기 때문이에요. 최소 전세가율이 80% 이상 되는 것을 살펴보았고 평균적으로 실투자금 1,000~2,000만 원 이내로 투자했습니다. 제가 2020년에 매입했던 빌라의 경우 해당 지역의 전세가율이 80% 이상으로 형성되어 있었습니다. 이 지역은 향후 9호선 연장선 개통이 예정된 지역과 인접한 곳이었어요.

3기 신도시 빌라 투자는 인프라가 곧 좋아질 곳이기에 미래에 프리미엄이 붙을 것도 기대했어요. 이 빌라의 인근 아파트는 상승장 동안 무려 1.5~2배 가까운 상승을 보여줬습니다. 그리고 새로운 입주 물량이 없었어요. 만약 2~4년 후에 새롭게 주택이 공급되면 전세가 떨어지기 때문에 투자하지 않았을 거예요.

지어진 지 20년이 다 된 건물이었기 때문에 다음 페이지의 사진으로 보다시피 상당히 낡았어요. 전세금을 높여 받는 것이 곧 실투자금을 줄이는 길이기 때문에 반셀프 인테리어를 하고 시세 대비 2,000만 원 높게 전세금을 받았어요. 조명, 콘센트, 인터폰 등은 직접 사서 꾸몄고, 싱크대와 화장실은 동네 인테리어 가게에 맡겼습니다. 투자자로 나선 초반에는 이런 것들도 모두 제가 해서 한 푼이라도 아꼈었는데요. 지금은 직장일에 부업, 육아와 부동산 관리까지 해야 해 시간 대비 가성비가 떨어져서 단골 업체에게 부탁하곤 합니다. 총 550만 원 정도 들었어요.

전세금 2,000만 원 올린 반셀프 리모델링 전후

이번 생에 건물주 한번 돼보고 죽을랍니다

전세금 2,000만 원 올린 반셀프 리모델링 전후

수도권 인구의 절반은 빌라에 산다: 1,000만 원으로 투자하는 구축

550만 원 투자해 전세금 2,000만 원을 올리면 이득이지요. 덕분에 계산을 해봤을 때 실투자금은 거의 들지 않았습니다.

건축물과 토지의 가치를 분리해서 생각하라

▼ ▼ ▼

이왕 빌라를 투자할 거라면 재개발이 예정되었거나 진행될 확률이 높은 지역에 투자하는 것이 좋겠죠. 그런데 빌라 재개발 투자에서 가장 어려운 점은 큰돈을 투자했지만 사업 진행이 잘 안 되어 돈이 묶이는 경우가 많다는 것입니다. 그리고 재개발이기 때문에 낙후된 건물을 수리할 일들도 많고 전세 시세도 낮아요. 초보자들이 쉽게 투자할 분야가 아니라 생각했습니다.

그래서 전 당장 개발이 이뤄질 곳보다는 장기적으로 개발이 이뤄질 곳, 10~20년을 버틸 수 있을 만한 곳들을 선호합니다. 큰돈을 넣어서 큰 수익을 기대하는 것보다 적은 돈을 써서 부담 없이 오랜 기간 끌고 갈 수 있는 투자가 더 매력적이거든요. 어차피 부동산은 한번 사면 잘 팔지 않는 성격이기도 하고요.

간혹 빌라 투자라고 하면 무작정 부정적으로 보시는 분이 계시는데요. 부동산을 산다는 것은 건축물과 토지를 동시에 사는 개념입니다. 그래서 부동산을 바라볼 때 건축물의 가치와 토지의 가치를 구분 지어 평가해보는 습관을 가지는 게 중요합니다. 제가 우선으로 삼는 것은 토지의 가치입니다. 새 아파트라고 해도 만약 일자리 접근성이 떨어지는 토지 위에 있다면 결국 건축물의 가치는 시간이 지날수록 감가상각 되어버리기 때문이죠. 또한 규제로 인해 공급이 어려운 요즘, 신축의 희소성이 높아져 많은 사람들이 선호하는 현상을 보이지만 만약 공급량이 늘어나게 되면 그 희소성 또한 유지하기 힘들게 됩니다.

하지만 토지의 가치는 변함이 없어요. 오히려 시간이 갈수록 가치가 누적되고 심화되는 경향이 강합니다. 빌라는 연식이 오래될수록 건물의 잔존가치는 0%로 내려가지만, 만약 위치가 좋다면 토지값은 버티면 버틸수록 재개발 기대감으로 가격이 오르게 됩니다.

그래서 저는 부동산에 투자할 때 토지 가치는 좋은데 신축 프리미엄이 없거나 재건축, 재개발 프리미엄이 없는 부동산을 우선 매입합니다. 서울 인근 20~30년차 주택은 신축 프리미엄과 재건축, 재개발 프리미엄 없습니다. 그리고 인프라가 자리 잡힌 경우가 많거든요. 프리미엄이 없고 실사용 가치만 책정되어 있기 때문에 상대적으로 좋은 토지임에도 좋은 가격에 매입을 할 수 있습니다. 장기적으로 재개발이라는 '보너스' 또한 기대할 수 있는 건 물론이고요.

저는 이처럼 말 그대로 '시간에 투자하는 방식'으로 부동산을 사서 모으고 있습니다. 20년차 빌라는 수리만 조금 신경 쓰면 충분히 임차인이 쾌적하게 살 만한 주택이 될 수 있어요. 여전히 사용 가치가 높기 때문에 전세금을 충분히 받을 수 있고 프리미엄은 없기 때문에 매매가격과 전세가격의 갭 차이가 적어 투자금도 적습니다. 반대로 재건축을 바라보는 40년차 아파트는 사용 가치는 낮고 개발 기대감은 높기 때문에 투자금이 많이 들죠.

재건축 아파트는 최고의 투자처이지만 투자금이 많이 들어 보통 사람 기준에선 현실적으로 불가능하다고 봐야 합니다. 만약 자신이 젊고 시간이 많다면 미래 가치가 높은 곳에 소액으로 들어가 시간을 레버리지로 투자하는 것이 좋고 시간이 없다면 완성 단계에 있는 부동산을 프리미엄 주고 사는 것이 좋다고 봐요.

아파트에서 자라 빌라에 살아본 적이 없다고 빌라를 외면하는 사람들도 많은데 나보다 좋지 않은 환경에서 사는 사람도 많다는 것을 알고 투자에 임해야 수익을 낼 수 있습니다. 사람들이 이렇게 멀리 보는 빌라 투자를 하지 못하는 이유는 1주택자를 넘어서는 것에 대한 두려움도 있어서일 것 같은데요. 다주택자가 되면 내가 살고 있는 집을 비과세를 못 받게 될 수도 있으니까요. 그래서 대부분의 투자자들이 사업이 많이 진행된 현장에서 단기적으로 해결을 볼 수 있는 투자처를 찾곤 합니다. 물론 정답은 없고 상황에 따라 성향에 따라 선택은 자유지만 저는 앞으로 좋아질 곳에 매우 소액으로 '시간 레버리지'를 써서 부담 없는 투자를 하는 편이란 걸 강조하고 싶어요.

이번 생에 건물주 한번 돼보고 죽을랍니다

반지하는
투자하지 않는다

▼ ▼ ▼

저는 빌라 투자를 함에 있어 나름의 원칙이 있는데 그중 하나가 반지하는 피한다는 것입니다. 저의 기본적인 투자 전략은 다음과 같습니다.

전세가와 매매가 갭을 통해 부동산을 매입하고,
최소한의 비용으로 리모델링을 진행해 전세가를 높이거나
혹은 시세 상승분을 반전세로 돌려 월세 파이프 라인을 만든다.
호재나 상승장이 오면 매도를 통해 수익을 실현한다.

결국 핵심은 크게 3가지로 정리할 수 있어요.

첫째, 임대 수요가 많은 곳이어야 한다.

둘째, 거주 환경이 쾌적해 매물들 사이에서 경쟁력을 갖춰야 한다.

셋째, 인프라가 개선될 여지나, 꾸준한 수요에 비해 공급이 예정되어 있지 않아야 한다.

그런데 첫 번째와 두 번째 조건을 만족하기 어려워요. 일단 임대 수요가 많은 곳에는 그만큼 거주하려는 사람들의 선택권도 많이 마련되어 있는지라 반지하는 웬만해선 택하지 않습니다. 그리고 반지하는 근본적으로 개선할 수 없는 환경상의 디메리트가 있기 때문에 리모델링 등을 통해 업그레이드해서 전세금을 높여 받는다는 전략을 활용하기도 어렵습니다. 설령 어떻게 멋들어지게 집을 고쳤더라도 대부분의 반지하 입주자들이 어려운 환경에 처한 분들이기 때문에 높은 전세금을 맞춰줄 세입자를 구하는 것도 힘듭니다. 위와 같은 이유들로 반지하는 투자하고 있지 않습니다.

방은 최소한 2칸 이상, 원룸은 투자하지 않는 이유
▼ ▼ ▼

반지하를 투자하지 않는 것과 이어지는 내용인데요. 저는 원룸도 투자하지 않습니다. 일단 집은 넓을수록 좋습니다. 1인 가구가 늘어나면서 소형 평수 인기가 높아진다고 하는데요. 저는 1인 가구 증가를 잘못 이해하면 안 된다고 생각해요.

재밌는 통계가 있는데 국토부의 「2021년도 주거실태조사 통계보고서」에 따르면 만 19~34세 청년가구는 66%가 1인 가구인데요. 이들의 1인당 평균 주거면적은 2017년 26.6㎡에서 2021년 30.4㎡로 해가 다르게 넓어졌습니다. 수도권으로 범위를 좁혀도 2017년 26.1㎡에서 28.4㎡로 넓어졌어요. 그런데 주택점유형태에 있어 임차 비중은 2017년 75.7%에서 2021년 81.6%로 올랐거든요. 내 집에 살지 않더라도 조금이라도 넓은 집을 찾는 다는 겁니다.

정리하자면 1인 가구가 늘면 소형 평수에 대한 '수요'가 생길 순 있지만 '인기'가 늘어나진 않습니다. 1인 가구가 원룸에 사는 것은 넓은 집에 살 여유가 없어서이지 원룸에 살고 싶어서 사는 게 아니거든요. 그래서 독립한 젊은 세대도 어느 정도 돈을 벌면 원룸 월세에서 방 2칸짜리 반전세로, 반전세에서 전세로 주거지를 업그레이드 해나가는 게 일반적입니다.

1~2인 가구의 비율이 계속해서 늘어나고 있는데 저는 1인 가구가 늘어도 넓은 평수에 대한 요구가 지속될 거라고 생각해요. 쾌적한 주거 환경에서 자랐던 세대가 많아지고 SNS로 타인의 삶을 대리 경험하는 일이 쌓이면서 1~2인 가구라도 원룸보단 넓은 평수에서 살려는 욕구를 접기 어려울 거거든요.

무엇보다 원룸의 경우 경쟁 상대가 너무 많아요. 입지와 인프라가 뛰어난 소형 오피스텔과도 경쟁해야 하고, 극단적으로 주거비를 절약하려는 사람들을 위한 고시원, 반지하와도 경쟁해야 합니다. 그리고 무엇보다 투자수익률이 낮을 뿐더러 실거주보다는 월세 파이프 라인으로 활용하려는 사람들이 많아서 추후 매도를 마음먹었을 때 매수자를 구하는 데에 있어서도 제약이 있습니다.

코로나19 팬데믹 사태로 집에서 일도 하고 여가도 즐기는 사람들이 늘면서 '집 꾸미기' 열풍이 일었는데요. 덩달아 대형 평형에 대한 선호도가 올라갔죠. 불과 10년 전만 해도 세대분리로 소형이 대세라고 했는데 말이에요. 전 그래서 투자를 할 때 방 3칸이 있는 것을 중요하게 생각하고 있어요. 안 되면 2칸이라도요. 물론 입지가 너무 좋으면 한 칸도 좋겠지요. 한 가지 분명히 짚고 넘어가자면 원룸도 좋은 투자처가 될 수 있어요. 단지 저는 제가 더 잘 알고 확신이 있는 분야에 투자하는 것입니다.

한번 눈이 높아지면 다시는 낮아지지 않는다
▼ ▼ ▼

저는 명품에 크게 관심은 없는데요. 언젠가부터 '오픈런'이 일상적인 용어가 됐더라고요. 다들 명품 하나쯤은 가지고 있고, 최신형 스마트폰도 턱턱 사고, 때가 되면 해외 여행도 가는 사람들이 넘쳐 납니다. 한 끼에 20만 원 하는 오마카세도 못 먹어 본 사람이 없더라고요. 아마 SNS의 발달로 다른 사람들의 일상을 쉽게 관찰할 수 있는 시대가 되면서 '이 정도면 나도 경험해 봐야지'라고 생각하는 사람이 늘어서가 아닐까 생각합니다.

참 이상한 일이지요. 2021년 국토교통부 조사에 따르면 만 19~34세 청년가구의 평균 월소득은 282.7만 원이고 생활비는 157.9만 원이었습니다. 청년가구 중 66%가 1인 가구라고 하는데요. 임차 비중은 2021년 기준 최근 5년간 단 한 해도 빠지지 않고 올라가 81.6%에 달합니다. 이렇게 보면 명품을 살 여유가 있는 사람이 그렇게 많나 싶은데 말입니다.

못살았던 시절이야 세 끼 밥만 잘 챙겨먹고, 내 한 몸 뉘일 뜨끈한 방 한 칸만 있어도 만족했지요. 그런데 우리나라도 이제 세계 10위권 경제 대국입니다. 사람들의 생활수준이 과거와는 비교도 할 수 없게 향상됐어요. 개구리 올챙이 적 생각 못한다고 하잖아요. 사람이란 한번 눈이 높아지면 다시 눈을 낮추기 힘듭니다. 오히려 욕심히 점점 커져요. 샤넬이나 루이비통 같은 명품 브랜드의 매출이 해가 다르게 올라가고 있다는데 저는 이 흐름이 쉽게 사라지지 않을 거라고 생각해요.

그리고 '눈이 높아지면 낮추기 힘들다'라는 원칙은 부동산에도 적용된다고 생각합니다. '그래도 수도권에는 살아야 이런 걸 누리지, 자취하는 1인 가구라도 이 정도는 갖추고 살아야지'라고 생각하는 사람이 점점 많아질 거라고 생각해요.

시간 레버리지에
다주택자 포지션은 필수
▼ ▼ ▼

시간으로 미래 프리미엄을 노리는 투자를 하려면 다주택자 포지션은 필수입니다. 수익률을 극대화하기 위해서죠. 이전 정부

수도권 인구의 절반은 빌라에 산다: 1,000만 원으로 투자하는 구축

에서는 다주택자를 투기꾼으로 몰며 규제를 많이 했었는데요. 어차피 영원한 권력은 없기 때문에 더 멀리 보는 관점으로 투자에 임했습니다. 그래서 다주택자가 되기로 결심했고요.

혹자는 "빌라는 감가상각이 심하지 않나요. 아파트는 재건축이 가능하고요"라고 걱정을 하지만 빌라도 재개발이 가능하고, 아파트도 재건축이 어려울 수 있습니다. 둔촌주공 재건축 현장도 여러 이해관계로 인해 사업이 중단되고 불어난 추가 분담금과 이주비 대출 문제, 무상옵션 제공 문제 등으로 잡음이 일었던 것을 생각하시면 됩니다.

서울에는 이미 남는 땅이 없기 때문에 노후된 주택을 허물어 새롭게 건설해야만 주택 공급이 가능한 상황입니다. 그럼 서울 말고 다른 곳에 주택을 건설하면 되냐고 생각할 수 있는데요. 아무리 외곽의 빈 땅에 주택을 공급해도 양질의 일자리가 있는 서울 출퇴근이 어렵기 때문에 수요가 적어 사업성이 상대적으로 떨어지죠. 그래서 신규 공급을 하기 위해서는 기존의 도로와 지하철 내지 신규 교통시설과 접근이 가능한 노후 주택을 허물어 새롭게 공급을 해야만 하는 상황이에요.

재건축, 재개발을 통한 주택 공급은 말처럼 쉬운 것이 아닙니다. 정치인들의 이해관계도 매우 복잡하고 재건축, 재개발 지역에 거주하고 있는 사람들이 처한 상황도 각자 다르기 때문이죠. 그래서 재개발 재건축은 추진되다가도 여러 번 실패하고 결

이번 생에 건물주 한번 돼보고 죽을랍니다

국 사업이 좌초되는 경우가 허다합니다. 이렇게 어렵기 때문에 기존의 주택은 노후가 되더라도 '땅'을 가졌다는 희소성이 유지되기에 가격은 상승하게 됩니다. 언젠가 개발이 될 수 있다는 것을 생각했을 때 장기적으로 부동산을 가져갈 만한 이유는 충분하다고 생각해요.

공실 천하에서
세입자를 받는 비법

부동산 투자자들이 가장 두려워하는 상황이 바로 공실입니다.
특히 조정장이 오고 전세가가 하락하면 세입자가 귀한 몸이
됩니다. 지금은 분위기가 달라졌지만 2020년만 해도 전세
구하기가 하늘에 별따기였습니다. 이를 상징적으로 보여주는
일이 있었습니다. 서울의 한 지역 맘카페에 전셋집을 보기 위해
아파트 복도에 사람들이 줄을 서 있는 모습을 찍은 사진이
올라오며 엄청난 화제를 불러일으켰습니다. 당시 게시자는
'전셋집을 찾는 친오빠를 따라갔다가 그 광경을 목격했으며, 무려
9팀이 줄을 서서 집을 구경했다. 부동산으로 돌아와 계약 의사를
묻자 5팀이 손을 들었고 가위바위보와 제비뽑기를 통해 세입자를
선정했다'고 설명했습니다.

이 사진은 맘카페와 부동산 커뮤니티를 넘어 전세난이던 당시
분위기를 타고 전국적인 이슈가 되었는데요. 아파트 복도에
줄지어 서있는 사람들의 모습은 엄청난 화제를 불러일으키며
언론에까지 소개되기도 했습니다. 당시 이 사진이 얼마나 큰
파장을 몰고 왔냐면요. 얼마 지나지 않아 있었던 국토부에 대한

국정감사에서 국회의원과 현직 국토부 장관과의 대화에서까지 언급되기도 했습니다. 국회의원은 "실제 시장에선 전세 매물이 활발하게 나오고 있는데, 실제와 다른 일이 보도되면 정확하게 추적해 제대로 알려줘야 한다"라며 전셋집 보려고 줄서는 모습을 찍은 사진에 대해 언급했고요. 여기에 김현미 당시 국토부장관이 해당 사안에 대해 조사한 바를 설명하는 일이 있었지요(서울신문, "전셋집 보려고 줄서서 대기? 사실은…" 김현미의 대답, 2020.10.23).

그런데 세상사 새옹지마라지요. 2022년 금리 인상기에 들어서면서 상황이 바뀌기 시작했습니다. 높은 이율로 전세대출 이자를 내는 것보다 월세나 반전세가 유리하다고 판단한 세입자들이 전세를 빼기 시작하면서 세입자 우세 시장이 형성되었거든요.

그리고 집값 상승이 둔화되면서 매매가 되지 않은 집들이 다수 공급되었고 전세가가 하락하기 시작했어요.

이제 상황이 바뀌어서 집주인이 세입자를 구하지 못해 안달한다는 기사가 나오기 시작했어요.

사실 부동산 시장에서 전세가와 매매가가 동반 하락하는 경우는 흔치 않습니다. 일반적으로 매매가가 떨어지면 전세가는 반대로 흘러가며 서로를 보완하는 역할을 하기 때문인데요.

예를 들어 매매가가 떨어지면 위험을 회피하기 위해 전세로 수요가 몰리고 자연히 전세가가 상승하게 됩니다. 이 경우 매매가와 전세가 사이의 갭이 줄어들겠지요. 그러면 어떤 일이 벌어질까요? '이 정도 차이면 집을 살까'라고 생각하게 되는 사람들이 하나둘 생길 것이고, 자연히 매매가를 밀어 올리게 됩니다. 그래서 갭투자에서 '갭 차이가 적고 호재가 있는 곳'이 부동산 시장에 있어 최적의 투자처로 각광받았던 것입니다. 그런데 금리가 생각보다 많이 오르면서 예상과는 다른 상황이 벌어진 것입니다.

경쟁 매물보다 '확실하게' 싸면 무조건 나간다

임대차 3법은 2020년 7월 국회에서 의결된「주택임대차보호법」및「부동산거래신고법」개정안을 말하는데요. 주요 내용은 '계약갱신청구권'이었어요. 집주인이 실거주하지 않는 이상 임차인이 계약이 완료되는 2년차에 추가적으로 2년 계약 연장을 요구할 수 있으며 전월세금의 상한액은 이전 계약의 5%로 정해놓은 법안입니다. 당시 말이 많았지만 아무튼 이 법안이 시행되었고 집주인들이 계약갱신청구권을 고려해 보증금을 높게 받는 의외의 일이 벌어지기도 했어요. 그런데 전세가가 떨어지는 분위기에서 이것이 독이 된 경우도 많았지요. 세입자를 구하지 못해 발을 동동 구르는 집주인도 꽤나 있었습니다.

그런데 저는 제가 보유한 모든 집들의 세입자를 구했어요.

나름 수요층이 탄탄한 곳들 위주였지만 저도 세입자를 구해야 하는

상황에 처하긴 했어요. 어려움도 있었지만 결국 모두 세입자를

구했습니다.

제 비법은 다른 게 없습니다. 그저 주변 시세보다 '월등히 싸게'

내놓았을 뿐이어요. 보통 집주인들을 보면 조금도 손해 보기 싫은

마음에 전세 시세가 내려가도 눈치를 보며 찔끔 찔끔 가격을

내리곤 하는데요. 매물에 따라 다르겠지만 임차인 입장에서는 몇

백만 원이나 1,000만 원 정도로 보증금이 싸선 다른 매물들보다

싸다는 생각이 잘 안 들어요. 그래서 임차인 입장에서 '진짜

파격적이다'라고 할 만큼 화끈하게 내려줘야 합니다.

① 계약갱신청구권
2년 임차계약 후 1회에 한하여 추가 2년 연장 보장
② 전월세상한제
이전 계약금의 5% 이내로 전월세 가격 상한
③ 전월세신고제
보증금 6,000만 원, 월세 30만 원 초과 시 계약 체결일로부터 30일 이내 신고 의무
임대차 3법 주요 내용

수도권 인구의 절반은 빌라에 산다: 1,000만 원으로 투자하는 구축

여기서도 남보다 '선점'해야 한다는 원칙은 적용됩니다. 저의 경우
계약기간이 만료되었던 시점에 기존보다 2,000만 원 싼 가격으로
전세금을 제시했고 거주하는 환경이 마음에 들었던 세입자께서
계약을 연장하시기로 하였던 경험이 있습니다.

저도 사람이니 당연히 전세가를 높게 받고 싶지요. 그런데
세입자를 쉽게 구할 수 없는 상황으로 보이면 한시라도 빨리
세입자를 구하는 게 좋지, 시간을 끌다가 시세가 점점 내려가서 더
낮은 가격에 세입자를 받게 되면 손해가 커지는 거라고 생각해요.
하락장 분위기에 접어들었다면 남보다 매력적인 가격으로
빨리 소비자를 선점한다, 이건 당연한 자본주의 논리예요.
그리고 단순히 가격만 싸서는 안 됩니다. 뭔가 임차인이
내 집을 고르고 싶어지게 할 매력 포인트가 있어야겠지요.
화장실을 수리해준다거나, 섀시나 싱크대를 바꿔주는 것도 좋은
방법입니다.

하락장 버티는 게
손해가 아닌 이유

만약 내가 바랐던 전세금보다 5,000만 원 저렴하게 전세를 내줬다고
합시다. 그리고 당장 5,000만 원을 융통하기 어려워 대출을 받은

이번 생에 건물주 한번 돼보고 죽을랍니다

상황이라고 합시다. 그러면 요즘 같은 상황에선 금리가

5%라고 할 때 이자 비용으로 한 달에 21만 원 정도 지출이

늘어난다고 할 수 있지요. 1년이면 250만 원이 넘는 돈입니다.

적지 않은 돈입니다. 그러나 장기적으로 부동산이

우상향한다고 생각하면 그리 큰 손해는 아니란 게 제 생각이에요.

만약 위와 같은 상황에서 1년에 250만 원, 2년 동안 500만 원이라는

돈을 썼다고 합시다. 2년 뒤에 내가 매매했던 가격보다

집값이 500만 원 이상 오르면 결국 그동안 내가 냈던

이자보다 더 많은 돈을 벌 수 있지 않겠어요?

단기적으로는 손해를 볼 수도 있어요. 그래도 그 손해를 감당할 수

있을 정도라면 저는 괜찮다고 생각해요. 어차피 이 시기만 버티면

나중에 상승장이 다시 돌아왔을 때 보상받을 수 있으니까요.

앞서 2020년에 줄서서 전셋집을 보는 웃지 못할 사태에 대해

얘기했었지요. 그리고 2년 남짓한 시간 만에 세입자를 '모셔야' 하는

상황이 되었고요. 2년 뒤에 줄서서 전셋집을 구경하고 추첨을 통해

세입자를 선정해야 하는 상황이 다시 오지 말란 법은 없습니다.

영원히 상승하는 부동산은 없고, 영원히 하락하는 부동산도 없어요.

다만 시장에 흐르는 돈은 계속 늘어나고 돈의 가치는

점점 떨어지며, 그 과정에서 부동산은 장기적으로 우상향할

뿐입니다. 그래서 저는 매수했을 때보다 하락한 부동산도

손절하지 않고 보유하기로 결정했었어요.

3장

모든 주택은 언젠가 썩다리가 된다: 4,000% 수익률 하급지 아파트

부동산 커뮤니티에는 여러 가지 은어가 많이 쓰이는데요. 오래된 구축을 다소 자기비하적으로 표현하는 말이라 제가 좋아하진 않는 표현인데 바로 '썩다리'입니다. 부정적인 뉘앙스가 많이 느껴지는 단어지만 의외로 긍정적인 의미로 쓰는 경우도 많습니다. 오래된 썩다리 아파트, 빌라에서 거주하며 '몸테크'를 해서 재건축, 재개발이 될 때까지 버티겠다는 마음으로 구축 투자자들이나 실거주자들이 자진해서 이러한 표현을 사용하기도 합니다. 세상에 늙지 않는 사람이 있을까요. 저는 '모든 주택은 썩다리가 된다'라는 불변의 진리에서 투자의 기회를 찾았어요.

이번 생에 건물주 한번 돼보고 죽을랍니다

한 언론사에 따르면 2020년 기준 국토교통부 실거래가 시스템을 통해 거래된 서울 아파트들을 조사한 결과, 평균 준공년도가 2000년이었다고 합니다. 서울 아파트 평균 나이가 20세라는 것인데 재건축 연한이 준공 30년차부터 시작되는 것을 생각했을 때 서울 아파트가 빠르게 늙어가고 있다는 걸 알 수 있습니다(브릿지경제, 점점 늙어가는 서울 아파트… "재건축 대책마련 시급", 2021.01.25).

재건축은 워낙 많은 이권이 달려 있기에 쉽사리 추진되지 않는데요. 신축 주택 공급에도 한계가 있기 때문에 앞으로도 아파트 평균 나이는 꾸준히 늙어갈 것이라 생각해요.

30년차 아파트는 곧 40년차가 되고
40년차 아파트는 곧 50년차가 되고
50년차 아파트는 곧 60년차가 되고
60년차 아파트는 곧 70년차가 되고
70년차 아파트는 붕괴 위기에 처할 겁니다.

과장되게 들리실지 모르겠지만 저는 정말 그렇게 생각해요. 보통 부동산 업계에서 5년차 이내의 아파트를 신축, 10년차 이내를 준신축, 10년차를 넘어서면 구축으로 보곤 하는데요. 지금이야 재건축 추진이 힘들지만 10년, 20년이 지나서 서울 아파

모든 주택은 언젠가 썩다리가 된다: 4,000% 수익률 하급지 아파트

트의 평균 나이가 30세, 40세에 근접하게 되면 지금과는 상황이 많이 바뀔 거라고 생각해요. 사람들은 누구나 새 집에 살고 싶어 하잖아요. 재건축, 리모델링 추진에 대한 압력이 훨씬 커지지 않을까 생각합니다. 그래서 용적률 제한과 같은 법적인 부분도 상당히 달라질 수 있을 거라 봅니다.

물론 상대적으로 재건축에 회의적인 노년인구 비중이 늘어난다는 것 등 여러 변수가 존재하지만 서울과 수도권 인구 집중화 현상이 지속된다고 가정한다면, 지금과는 분위기가 사뭇 달라질 거란 걸 어렵지 않게 유추할 수 있습니다.

모든 물건에는 '절대가치'와 '변동가치'가 있어요. 변동가치는 시간에 따라 가치가 바뀌는 변인이고 절대가치는 가변하지 않는 가치이지요. 부동산으로 치환해서 생각하면 변동가치는 '건물'이고 절대가치는 '땅'이라고 할 수 있습니다. 부동산의 진짜 가치는 바로 '땅'에서 나오죠. 수도권 땅의 가치가 유지되는 한 사람들은 그 땅의 효용성을 포기하지 않을 겁니다. 바로 이게 관건입니다.

빌라도 다 썩어서 이제 부식된 주택이 더 많아요. 이게 현실입니다. 공급이 많다고요? 임대 주택에 들어가면 되는 거 아니냐고 물으시는 분도 있을 겁니다. 그런 분은 거기 들어가서 평생 사시면 됩니다. 그런데 임대 주택에서 평생 살고 싶은 사람이 몇이나 될까요? 콘크리트와 철근의 수명은 100년이라고, 아

이번 생에 건물주 한번 돼보고 죽을랍니다

직 건축물 자체가 쓸 만한데 재건축은 낭비라고 하시는 분도 있겠지요. 장담컨대 그런 분에게 헌 집과 새 집 중 어느 집에서 살래, 라고 선택권을 주면 100퍼센트 새 집을 고르실 겁니다. 저는 탐욕은 본능이며, 나쁜 게 아니라 순리라고 생각합니다.

비싼 아파트만
좋은 투자는 아니다
▼ ▼ ▼

이렇듯 많은 사람들이 '결국은 재건축이 될 수밖에 없다'라는 믿음하에 가치를 높게 평가받는 지역의 재건축 아파트에 관심을 가질 텐데요. 부동산 시장에 "저평가는 없다"라는 명언이 있습니다. 모든 호재 요소가 이미 시장가격에 반영되어 있다는 뜻이지요. 그래서 많은 사람들이 이미 높은 가격을 형성하고 있는 부동산이 좋다고 생각하는 거겠지요. 그런데 저는 어떤 상황이든 아직 오를 여력이 있는 저렴한 아파트가 남아 있다고 생각합니다. 그런 집이 투자하기도 좋겠지요. 결국 중요한 건 수익률이니까요. 언젠가 한 지인과 이런 얘기를 나눈 적이 있어요.

가붕개: 넌 1억 원 수표와 5만 원권 2,000장 중 뭐가 좋아?
친구: 당연히 5만 원짜리 2,000장이 좋지!
가붕개: 왜?

친구: 현금은 분배도 되고, 사용도 편해서 좋지?

가붕개: 그럼 50억 강남아파트 1채가 좋아, 아니면 경기도 5억짜리 아파트 10채가 좋아?

친구: 당연히 강남 50억 짜리 아파트가 좋지!

가붕개: 경기도 아파트 10채에서 전월세 받아서 강남 50억 아파트에서 전월세로 살 수도 있는데?

친구: 그래도 소유에 대한 상징이 있잖아.

가붕개: 그럼 아까 왜 1억짜리 수표보다 5만 원권이 좋다고 이야기했어?

친구: 음… 잘 모르겠네….

　부동산 시장 화두 중 하나인 '똘똘한 한 채'를 무작정 부정하는 것이 아닙니다. 강남 3구 알짜배기 재건축 단지들은 호황이든 불황이든 항상 좋은 평가를 받지요. 가지고만 있다면 황금알을 품고 있는 것과 다름없어요. 그런데 모든 사람이 강남 아파트를 살 여유가 있는 건 아니잖아요. 우리나라에는 전세라는 제도가 있어서 이 제도를 잘 이용하면 적은 돈으로도 부동산에 투자할 수 있는데요. 50억 원짜리 아파트를 사려면 최소 30억 원을 가지고 있어야 하는데 5억짜리 아파트 10개는 갭을 활용하면 5~10억 원이면 됩니다. 이게 핵심입니다.

　그러니까 남의 돈으로 부동산 매입을 하는 것이 투자 포인

트인 것이죠. 고정관념을 버려야 합니다. 그 틀을 깨트리자 제게도 돈이 보이기 시작했습니다.

30년 된 구도심지에 과감하게 투자한 이유
▼ ▼ ▼

2015년 첫 내 집 마련, 2019년에 실거주용 갈아타기를 마친 뒤, 저는 보다 적극적으로 부동산 투자에 나서고 싶었는데요. 문제는 투자할 수 있는 가용 자금이 한정적이었다는 겁니다. 그 안에서 투자 기회를 찾아야 했지요.

제가 2015년 내 집을 마련한 남양주는 부동산 상승기에 집값이 뛰긴 했지만 다른 지역들에 비하면 상대적으로 많이 오른 편은 아니었어요. 도심이 조성된 지 30년이 넘은 낙후된 지역이었는데요. 서울로 출퇴근이 가능한데도 불구하고 사람들이 매수를 하지 않는 이유가 있었습니다. 그동안 주변 신도시에 아파트 공급이 많았거든요. 집을 사는 순간 무주택 기간으로 쌓아둔 청약 가점이 통째로 날아가기 때문이었습니다. 그래서 전세가는 꾸준히 올랐는데 매매가는 큰 변동이 없어서 전세가율이 무려 80~90%가 넘는 지역이었죠.

아직은 가격이 많이 오르지 않았지만 앞으로 상승할 것을 확신했기에 저는 어떻게든 투자를 하고 싶었어요. 수도권 부동

모든 주택은 언젠가 썩다리가 된다: 4,000% 수익률 하급지 아파트

산 시장 분위기가 심상치 않았거든요. 잘 아는 지역은 투자하기 좋은 지역이기도 하면서 거기에 얽매여 넓게 보는 시야를 방해하는 방해꾼이 되기도 하기 때문에 꼼꼼히 따져봤어요.

늘 급매로 던지고 빠져나가는 수요만 있었고 전세만 찾는 동네였죠. 부동산에도 매매 물건은 많은데 전세 물건은 찾기 힘든 곳입니다. 그래서 저는 이 주택을 호가보다 10% 정도 싸게 매수해서 셀프 인테리어를 해서 전세를 시세보다 1,000~2,000만 원 높게 내놓으면 내 돈이 거의 들지 않고도 집을 살 수 있겠다는 생각이 들었습니다.

그래서 저는 이 지역에서 오랜 기간 안 팔렸던 아파트를 가격을 깎아서 매수하고, 과거에 갈고 닦았던 셀프 인테리어 기술을 활용해서 매수한 가격으로 다시 전세를 놓는 방식으로 투자금 거의 없이 아파트를 모아가기 시작했습니다. 그렇게 투자금 없이 산 아파트는 상승장을 거치며 매매가격이 무려 2배가 넘게 올랐습니다. 상급지가 올라서 밀려 내려오는 수요로 인해 전세가를 올리고, 전세가가 다시 매매가격을 올려주었던 것이죠. 만약 투입된 돈이 500만 원이라고 가정했을 때 2억 원이 올랐다고 한다면 수익률은 4,000% 정도 되는 것이죠.

부동산 상승장 당시 강남의 상승률보다 경기도 집값 상승률이 더 높았습니다. 다시 말해 강남이 먼저 치고 나가면 나중에는 강남을 중심으로 주변부가 서서히 갭 메우기에 들어갑니

다. 결국 상승률은 비슷하거나 넘어서는 퍼센트를 보여주거든
요. 부동산 상승장이던 2020년 1월~9월, 한국감정원에 따르면
서울 아파트값이 0.54%가 오르는 동안 경기도는 8.26%가 올랐
다고 합니다(중앙일보, 수도권 아파트값 상승률 서울의 15배 "규
제 풍선효과", 2020.10.12).

예를 들어 원래 아파트는 10억 원이었고 빌라는 5억 원이었
는데 아파트 가격이 100억 원까지 올랐는데 빌라는 여전히 5억
원일까요? 수요공급이 동일하다는 가정 하에 50억 원까지 올라
야 정상입니다. 100억 원 아파트에 살고 싶은데 돈이 70억 원밖
에 없다면 다른 지역으로 가거나, 같은 지역 빌라, 오피스텔로
가는 수밖에 없죠. 그러면서 그 가치에 맞게 갭을 매워가는 것
이죠.

저는 아파트가 많이 올라가는 시점에서는 사람들이 어디로
밀려날지를 생각했던 겁니다. 전세가격과 매매가격이 오르면 결
국 제 과거처럼 다른 지역으로 밀려나든지 같은 지역의 아파트
를 대체할 수 있는 빌라나 오피스텔로 밀려날 수밖에 없거든요.
갑자기 수억 원이라는 큰돈을 만들기 어려우니까요. 동네를 포
기하지 못하는 사람은 같은 지역 내의 하급지로 갈 것이고, 주
거 환경을 택한 사람은 그 지역을 떠나 더 외곽으로 가게 되겠
지요. 저는 바로 이런 점을 노렸던 것이고 높은 수익률을 달성
할 수 있었습니다.

공급은 말처럼
쉬운 게 아니다
▼ ▼ ▼

공급 측면에서도 임차인에게 유리할 거라 판단한 것도 과감하게 구축에 투자할 수 있었던 이유입니다. 1부에서 수도권과 서울의 자가보유율과 점유율 등에 대해 살펴보았는데요. 서울의 경우 세대수인 404만 가구에서 주택수인 377만 호를 빼면 27만 호가 남잖아요. 단순히 서울의 주택공급률을 100%로 맞추는 것을 목표로 삼는다고 했을 때 27만 호가 얼마나 많은 물량일까요?

여러모로 말이 많은 둔촌주공이 총 1만 2,032가구(일반분양 4,776가구)입니다. 모처럼 서울에 나온 대규모 분양 물량으로 화제의 중심인 곳이죠. 둔촌주공 전에 대규모 분양 물량으로 유명했던 헬리오시티의 경우 9,510가구입니다. 그러니깐 27만 호라는 것은 헬리오시티 같은 곳이 약 30곳이 있어야 채울 수 있을 정도의 물량이란 거에요.

최근 기준으로 상황은 어떤지 살펴볼게요. 언론 보도에 따르면 2023년도 전국 입주물량은 전년도 대비 18% 증가할 예정이라고 해요. 전국 아파트 입주 물량이 약 30만 가구로 수도권은 15만 5,470가구이며 지방은 14만 6,605가구라고 합니다(매일경제, 내년 강남에 쏟아지는 입주물량…최악의 역전세 온다, 2022.12.26). 특히 강남구 물량이 많이 쏟아져 전세가에 영향을

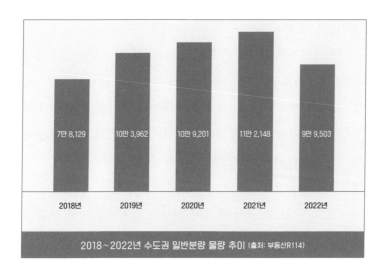

7만 8,129	10만 3,962	10만 9,201	11만 2,148	9만 9,503
2018년	2019년	2020년	2021년	2022년

2018~2022년 수도권 일반분량 물량 추이 (출처: 부동산R114)

미칠 것이란 전망도 있어요.

저는 역대급 물량이 쏟아져도 주택이 낙후되는 상황에서 사람들의 '니즈'를 충족하는 면에서의 주택보급률을 100% 달성하긴 어려울 것이라고 생각했어요. 그리고 집만 생기면 다인가요? 그 집이 어느 지역에 생기는지도 중요하지요. 그리고 공짜로 아무나 들어갈 수 있는 것도 아니잖아요. 자신의 형편에 따라 새로 공급되는 신축 아파트에 입주할 수 있는 사람도 있을 것이고, 그게 불가능한 사람도 있을 거예요. 재개발이나 재건축이 진행되면 예비 입주자들이 살 곳도 필요하고요. 그래서 저는 여전히 턱없이 부족하고 전월세 수요는 꾸준히 유지될 거라고 생각했어요. 희소성 있고 학군이나 교통, 일자리, 주거 환경 등

모든 주택은 언젠가 썩다리가 된다: 4,000% 수익률 하급지 아파트

여러 가지 이점이 있는 지역의 경우라면 특히요.

현 정부가 주택 250만 호를 공급하겠다는 공약을 했었는데요. 공공 주도로 50만 호, 민간 주도로 200만 호를 공급하겠다고 했는데 저는 현실적으로 이 목표가 얼마나 달성될 수 있을지 미지수라고 생각해요. 결국 모든 사람이 원하는 곳에, 원하는 형태의 집에 들어가서 살 수 있어야 전세 수요가 없어질 텐데 현실적으로 이것을 달성하기 어렵다는 판단입니다.

저는 전세가 있어서 저 같은 사람도 감히 사다리를 타고 부자의 길로 가고 있다고 생각해요. 그런데 만약 진짜 전세가 없었다면 저는 자본을 늘려나갈 수 있었을까요? 다른 나라처럼 매달 월세만 몇백만 원씩 내면서 허덕이며 살진 않았을까요? 다른 나라들처럼 집 사서 월세 주려면 내 자본이 얼마나 많이 들어가나요? 대출이나 나올까요? 이번 생에 가능할까요?

그렇다고 전세 제도를 이용하는 다주택자가 나쁘다고 생각하진 않아요. 물론 나쁜 임대인도 있지만 무주택 기간 동안 안정적인 거주지를 공급받는다는 면에서 전세 제도를 유용하게 활용하는 임차인들도 많으니까요.

여기서 제 개인적인 생각을 말씀드리자면 저는 자신의 경제적 수준이 평범하다고 생각하시는 분일수록 더 적극적으로 부동산 제도를 이용해 부자가 되는 것에 관심을 가져야 된다고 생각해요. 청약통장이 3,000만 개를 돌파하고 있다고 합니다. 청약 부으면서 로또 바라시는 분들, 전세 사시는 분들 많죠. 당첨되면 정말 축하할 일인 건 맞습니다. 하지만 만약에 당첨이 안 되면 어떡하나요. 언제까지 한 방을 노리면서 지내야 하나요. 라면값도 오르고 인건비도 오르면 집값도 오를 텐데, 로또만 바라다가 크게 후회할 수도 있지 않을까요. 저는 오히려 형편이 안 좋을수록, 벌이가 안 좋을수록 부동산에 관심을 갖는 게 '리스크'가 아니라 오히려 '리스크'를 줄이는 행동이라 생각해요. 부동산은 '안' 먹거나, '안' 입을 수 없고 누구나 반드시 필요한 재화니까요.

전세 사다리는 우리나라에만 존재합니다. 저는 언젠가 이 제도가 사라질지도, 혹은 문서로만 남아 있고 현실에서는 거의 찾아보기 힘든 유명무실한 제도가 될지도 모른다고 생각해요. 경제성장기 임차인과 임대인의 요구가 절묘하게 맞아떨어져 생긴 이 제도를 유지하기엔 우리나라의 상황이 과거와 너무 많이 달라졌거든요. 전세가 존재할 때 빠르게 기회를 잡아야 한다는 게 제 생각입니다.

고수가 아니면
지방은 투자하지 말자
▼ ▼ ▼

하급지 아파트 투자의 핵심은 높은 전세가와 이 전세가를 유지해줄 수 있는 풍부한 수요였습니다. 수요가 받쳐주지 못하면 전세가를 유지해줄 힘이 없는데요. 그렇다면 이 수요는 어디에서 비롯되는 걸까요? 서울로 출퇴근이 가능한 수도권이었다는 점이에요. 다시 말해 일자리가 중요합니다.

사람들이 서울 인근에 밀집되어 사는 이유는 바로 양질의 일자리 때문입니다. 만약 일자리가 강원도에 모여 있다면 사람들은 강원도로 이사를 가겠죠. 돈을 벌어야 가족을 부양할 수 있고, 교육도 시킬 수가 있습니다. 그래서 '부동산은 일자리다'라고 말해도 과언이 아닙니다.

일자리라는 것이 모이면 모일수록 시너지가 나기 때문에 3대 업무지구인 강남, 여의도, 종로는 앞으로도 계속해서 그 위치를 유지할 가능성이 매우 높습니다. 실제 서울시의 도심계획을 보더라도 핵심업무지구를 중심으로 도심 개발을 할 것을 알리고 있어요. 2023년 1월에 확정고시된 「2040서울도시기본계획」에서도 잘 나타나 있어요.

그래서 투자하려는 부동산이 괜찮은지 따질 때 저는 간단하게 종로, 강남, 여의도에 수월하게 도착할 수 있는지를 살펴봤습니다. 서울 사람들의 평균 출근시간이 45분 정도이고, 경기도에서 서울로 출근하는 경우 72분 정도 걸린다고 하는데요. 그래서 20~30분 이내면 최고고, 적어도 1시간 이내에 도착할 수 있느냐를 따져 보았습니다.

지방의 중공업 호황기 때 그 지역 부동산은 가파르게 상승

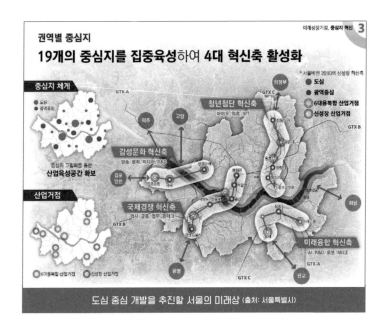

권역별 중심지
19개의 중심지를 집중육성하여 4대 혁신축 활성화

*서울비전 2030의 신성장 혁신축

중심지 체계

산업거점

청년첨단 혁신축
바이오/의료/ICT

감성문화 혁신축
방송/문화/미디어/R&D

국제경쟁 혁신축
역사/금융/업무/핀테크

미래융합 혁신축
AI/R&D/로봇/MICE

도심 중심 개발을 추진할 서울의 미래상 (출처: 서울특별시)

했습니다. 만약 울릉도에 고액 연봉을 주는 대기업이 자리 잡는 다면 울릉도 부동산 가격도 올라가겠죠. 인재를 모집하지 못해서 그렇게 하진 않겠지만요. 반대로 그 지역의 일자리가 대규모로 사라지게 된다면 사람들은 먹고살아야 하기 때문에 일자리를 찾아 이사를 고민할 것입니다. 조선업으로 부흥했던 거제의 경우도 침체기에 부동산이 크게 하락했었지요.

그래서 저는 지방은 투자에서 아예 배제했습니다. 고수들의 실전 사례도 살펴봤지만 직접 눈으로 현장을 보고, 토박이 부동산 사장님의 얘기도 들어보지 못해서인지 감이 전혀 안 잡히더라고요. 지방도 분명 기회가 있을 테지만 당장 다니고 있는 직장과 부업으로도 바쁘기 때문에 '지방 임장'은 엄두도 낼 수 없는 상황이에요. 제가 제대로 부동산의 가치를 '판단'하기 어렵기 때문에 지방은 투자를 하지 않고 앞으로도 큰 전환점이 있지 않은 한 할 생각이 없어요.

사람들이 전세에 사는
5가지 이유
▼ ▼ ▼

저는 대부분의 부동산을 2019~2022년 사이에 매입을 했는데요. 남들이 늦었다고 이야기한 이 시기에 저는 영끌을 넘어 '영끌 투자자'가 되었어요. 제가 이렇게 과감하게 투자한 것은 나름대로 확신이 있었기 때문입니다. 내 집에 대한 사람들의 열망이 큰 만큼 역설적으로 전세에 대한 수요가 유지될 것이라고 생각했기 때문이에요. 갭 차이를 기반으로 투자를 하려면 가장 중요한 게 전세 세입자잖아요. 세입자가 없으면 안 되니까요. 저는 개인적으로 전세 살면 '나만 손해'라고 생각하지만 그럼에도 전세 사는 사람들이 줄지 않을 거라 판단한 이유가 있었어요.

첫째, 가지고 있는 돈보다 더 좋은 환경을 누리고 싶어서입니다. 현재 가지고 있는 돈이나 가능한 대출금으로는 좋은 아파트를 살 수 없으니 대신 전세로라도 좋은 집, 좋은 아파트에서

이번 생에 건물주 한번 돼보고 죽을랍니다

살려는 것이죠. 저는 이 첫 번째 이유가 전세 제도를 유지하는 큰 힘의 축이라고 생각합니다.

둘째, 새 아파트 로또 청약에 도전하고 싶어서입니다. 청약은 새 아파트를 주변 시세보다 저렴하게 가질 수 있는 최고의 방법입니다. 그래서 다들 '로또'라고 부르지요. 그런데 청약 제도는 무주택자에게 상당히 유리하게 되어 있기 때문에 오랜 시간 동안 무주택 기간을 채운 사람들은 구축 아파트를 매매하기보다는 청약 가점을 유지하며 로또 청약을 노리는 경우가 많아요. 그래서 청약에 당첨되기까지 전세로 지내는 것입니다.

셋째, 앞으로 집값이 폭락할 것이라 예상하기 때문입니다. 만약 꼭짓점에 물리면 전세대출로 나가는 이자보다 집값이 더 많이 떨어져서 손해를 볼 수도 있다는 생각에 '차라리 전세에 살자'라고 생각하는 것입니다.

넷째, 집을 안 사봐서 빚을 지는 게 무서워서입니다. 제 경험상 의외로 빚을 무서워하는 성격이 내 집 마련의 걸림돌이 되는 경우가 많았어요. 적게는 몇천만 원, 많게는 억 소리 나는 빚을 진다고 생각하니 마음이 무거워지는 것이죠.

다섯째, 해당 지역에 피치 못하게 거주해야만 하는데 집을 살 돈은 없어서입니다. 가장 흔한 예로 지방에서 상경한 대학생이나 직장인이 회사 인근에 거주해야 하는 상황인데 부동산 가격이 너무 높은 경우 등을 들 수 있어요. 이 경우 전세가 최고의

모든 주택은 언젠가 썩다리가 된다: 4,000% 수익률 하급지 아파트

선택이고, 그다음이 반전세, 그다음이 월세가 되겠지요.

전세 수요가 유지된다고 해서 그 사람들이 내가 투자한 물건에 반드시 살 이유는 없죠. 그래서 중요한 게 경쟁력입니다. 제가 하급지 아파트 전세가를 시세보다 높게 맞출 수 있었던 건 상승장이었기 때문이기도 하지만, 실제로 제가 보유한 집이 '경쟁력'이 있었기 때문입니다. 리모델링을 진행해 다른 전셋집에 비해 훨씬 깨끗하고 쾌적했죠. 이 부분에 대해 말씀드려 볼게요.

사람들은 전세금은 '돌려받는 돈'이라고 생각한다

▼ ▼ ▼

사람들은 기본적으로 전세금을 다시 '돌려받을 돈'이라고 생각합니다. 물론 전세대출을 받았을 경우 이자를 내야 하지만, 이자는 은행에 내는 것이지 '집주인'에게 주는 돈이라고 생각하지 않지요. 실제로 맞는 말이기도 하고요. 그래서 최소 2년 동안 살아야 하는 집의 환경이 쾌적하다면 시세보다 1,000~3,000만 원 정도의 보증금을 더 지불하겠다고 하는 경우가 생각보다 많습니다.

2015년 첫 내 집을 마련했을 때 당시 저는 '영끌'을 했기 때문에 한 푼이라도 아껴야 하는 상황이었습니다. 구축이어서 리모

이번 생에 건물주 한번 돼보고 죽을랍니다

델링을 해야 했는데 그래도 신혼집이라 최소한의 인테리어는 하고 싶었어요. 돈이 없었던 제가 택한 건 셀프 리모델링이었습니다. 어쩔 수 없이 전문가의 도움이 필요한 부분은 도움을 받았지만 전기, 조명, 목공, 화장실까지 제 손이 들어가지 않은 부분이 거의 없었어요. 제가 손재주가 좋은 편이기도 하고요. 당시 견적으로 2,000만 원을 받았으니 못해도 그 정도는 절약하지 않았나 싶습니다.

객관적으로 미흡했을지는 몰라도 저로서는 충분히 만족스러운 결과물을 얻을 수 있었어요. 이때의 경험으로 저는 인건비가 리모델링에서 상당히 많은 부분을 차지한다는 걸 알았고, 리모델링의 만족도가 꽤 높다는 걸 알았어요. 그래서 부동산 투자에 뛰어들었을 때 셀프 인테리어로 비용을 절약하고 전세금을 올려 받을 자신이 있었지요.

섀시 교체나 화장실 타일 공사와 같은 전문적인 기술이 필요한 부분은 어쩔 수 없지만 도배나 장판, 조명이나 수전, 방문 교체, 페인트칠 등의 경우 충분히 셀프로 훌륭하게 할 수 있습니다. 거의 10분의 1에 해당하는 돈으로도 할 수 있어요. 그리고 이것도 기술이기 때문에 경험이 쌓이다 보면 점점 실력도 좋아지고, 자주 거래하는 거래처도 생기게 됩니다.

경매나 갭투자를 통해 소액으로 다주택자의 길로 들어서려고 하는 분이라면 단돈 100만 원도 아껴야 하는 경우가 많을 텐

모든 주택은 언젠가 썩다리가 된다: 4,000% 수익률 하급지 아파트

데요. 집은 취득하는 것만으로 끝나지 않지요. 이 집을 전세나 월세로 내보내야 하는 것도 일입니다. 얼마를 받느냐에 따라 '실투자금'이 달라지는데 조금만 노력하면 충분히 전세금을 올려받을 수 있답니다. 2015년도 셀프 인테리어와 2020년도 셀프 인테리어 아파트를 비교해보시면 어떤가요? 훨씬 실력이 업그레이드된 것 같지 않나요?

리모델링을 할 때 제일 중요한 게 화장실, 싱크대, 조명, 현관인데요. 특히나 저는 현관을 굉장히 중요하게 생각하는 편이에요. 구축이라도 잘 관리된 집들은 기능적으로 큰 하자가 없는 집도 많거든요. 그런데 여기저기 투자용 매물을 보러 다니다 보면, 제가 생각했을 때 상당히 괜찮은 집인데 주변 집들은 전세가 빠졌는데 해당 물건만 전세가 빠지지 않은 경우를 종종 보곤 했어요. 그런 경우 대부분의 문제는 바로 현관이었습니다.

인간관계도 첫 만남에서 첫인상이 나쁘면 그 뒤로 무슨 행동을 해도 탐탁지 않게 느껴지잖아요. 집도 사람과 마찬가지에요. 전셋집을 구경하려고 문을 딱 열었는데 신발장의 시트지는 벗겨져 있고 바닥 타일도 깨져 있고, 조명도 어둡고 벽지도 누렇게 떠 있다면 기분이 어떻겠어요. 그 뒤에 부동산 사장님이나 집주인이 집의 장점에 대해 무슨 말을 하더라도 귀에 잘 안 들릴 거예요.

현관만 잘 꾸며도 반은 먹고 들어가는 게임이라고 생각해요. 그래서 투자 매물을 리모델링할 때 최대한 호불호가 없는 형태로 깔끔하게 수리하려고 노력합니다. 실제 제가 보유한 매물들 중에서 현관 상태가 안 좋았던 경우와, 수리를 통해 보수한 사진을 129쪽에서 확인하실 수 있는데 보시면 느낌이 확 오실 거예요. 다운라이트 조명과 데코타일을 시공해서 깔끔하고 은은한 분위기를 연출하였습니다.

중문이 냉난방 효율을 굉장히 많이 올려준다는 것도 다들 아실 텐데요. 실제 사는 사람 입장에서 중문은 정말 필요하지만, 막상 전셋집에 중문이 잘 꾸려진 곳은 드물거든요. 그래서 비용이 좀 들겠지만 여력이 된다면 중문을 시공하는 것도 괜찮은 선택지입니다. 내 집의 경쟁력을 크게 올려줄 수 있는 요소거든요. 셀프로 할 건 하고, 비용을 들일 건 아까워하지 않고 과감하게 투자하는 게 투자자에게 필요한 자세라고 생각하시면 좋을 것 같습니다.

2015년에 매입해 실거주한 첫 내 집 셀프 인테리어

이번 생에 건물주 한번 돼보고 죽을랍니다

2020년 매입해 반셀프 인테리어로 전세금 2,000만 원 올려 받은 구축 아파트

모든 주택은 언젠가 썩다리가 된다: 4,000% 수익률 하급지 아파트

아파트 화장실 리모델링

이번 생에 건물주 한번 돼보고 죽을랍니다

첫인상을 좌우하는 현관

모든 주택은 언젠가 썩다리가 된다: 4,000% 수익률 하급지 아파트

전셋집의 경쟁력이 되는 중문

이번 생에 건물주 한번 돼보고 죽을랍니다

블로그 마케팅으로
월 500만 원 달성한 비법

저는 공격적인 투자자지만 나름대로는 리스크를 생각하고
투자에 뛰어들었습니다. 투자한 물건들의 계약 갱신 시기나 혹시
모를 금리 인상과 같은 리스크에 대해서도 생각을 했었고, 최악의
경우까지 고려했지요. '영끌러'에게 최악의 사태는 급격한 금리
인상으로 인한 이자 상승입니다. 저 역시 이 부분을 간과하진
않았어요. 금리가 어느 정도 올라도 감당할 수 있으려면 추가
소득을 마련해 두어야 한다고 생각했지요.
사실 우크라이나·러시아 전쟁 발발로 세계가 혼란스러워지고,
코로나로 인해 증가한 유동성을 줄이기 위해 연준이 이렇게까지
금리를 인상하리라곤 솔직히 생각지 못했는데, 이런 상황에서
제게 큰 힘이 되어준 것이 바로 블로그 마케팅 부수입입니다.

모든 주택은 언젠가 썩다리가 된다: 4,000% 수익률 하급지 아파트

돈보다 시간이 중요한
사람들을 고객으로 삼아라

제 본업은 의료기기 장비 영업 및 거래처 관리입니다.
개인병원도 제 거래처들 중 하나인데 대부분의 개인병원에서
홍보용 블로그를 운영합니다. 병원 시장도 경쟁이 치열하기
때문에 홍보가 아주 중요하거든요. 그런데 환자들에게
좋은 의료 서비스를 제공하기에도 바쁜 의료인들이 블로그를
붙잡고 앉아 있을 시간이 있을까요? 그렇다고 무시하자니,
집 앞 동네 병원을 가더라도 인터넷에 검색부터 하는 사람들을
생각하면 가만히 있기도 애매하지요.
제가 관리하는 거래처 원장님 한 분이 이런 고민을 하시기에
제가 관리해드리겠다고 먼저 제안을 드렸어요. 저는 마케팅이나
경영학, 디자인을 전문적으로 배운 적이 없는 사람입니다.
공업고등학교로 진학해 캐드 같은 걸 배웠고 악기나
기계를 만지는 걸 좋아해 컴퓨터와 친숙하다는 게 그나마
연관성이 있다고나 할까요. 제가 자신 있게 말씀드린 건,
서당 개 3년이면 풍월을 읊는다고 그동안 병원 경영에 대해서
보고 들은 바가 있고, 적어도 영업사원으로 일하는 제가
의료인들보다는 마케팅적 감각이 좋을 거라는 확신이
있어서였기 때문입니다.

제가 했던 블로그 관리는 아주 어려운 일은 아니었습니다.
제가 영업하는 장비의 원리에 대해 글을 쓰고 디자인 같은
외적인 부분을 꾸며주는 거였어요. 어느 정도 컴퓨터를 다룰 줄 알고,
홍보 감각이 있으신 분이라면 생각보다 쉽게 할 수 있을 정도의
수준이었어요. 원장님이 전문 홍보업체가 아닌 저에게
일을 맡기신 이유는 그동안 제가 열심히 일한 걸 긍정적으로
평가하시기도 했고, 또 모르는 사람이 아닌 믿을 만한 사람에게
부탁하고 싶으셨기 때문입니다.
제가 당신의 성향과 원하는 방향을 잘 파악하고 있을 거란
생각도 있으셨을 테고요.
저는 그렇게 한 달 동안 블로그에 홍보글을 가공하고,
해시태그를 달고, 보기 좋게 블로그를 정리하는 등의 일을 하는
대가로 월 100만 원에 가까운 보수를 받았습니다.
아마 생각보다 많은 돈을 받았다는 사실에 놀라실 분들도 계실 것
같은데요. 그런데 자신의 시간을 절약해줄 수 있다면
이 정도 돈은 흔쾌히 지불할 의사가 있는 분들은 생각보다 많아요.
혹시 최저가 싫어하시는 분 있나요? 저 역시 물건을 살 때
최저가를 중요하게 생각하는데요. 부자 마인드에 대해 다룬 글에서
봤는데 부자들은 단돈 1,000원이라도 귀하게 여기지만,
그렇다고 무작정 최저가를 따지진 않는다고 합니다.
어떤 일에 에너지를 투입하는 것과, 돈을 쓰더라도 그 일에

모든 주택은 언젠가 썩다리가 된다: 4,000% 수익률 하급지 아파트

신경 쓰지 않고 다른 일에 에너지를 썼을 때 내가 얻는 이익을 잘
비교한다고 하더라고요.
마찬가지로 병원을 운영하시는 분들 입장에서 저한테
돈을 쓰더라도 홍보에 신경 쓰지 않고, 관리해주는 사람에 대해
불안해 할 필요도 없으니 이득이고, 저는 부수입이 필요한 상황이니
서로 윈-윈인 것이죠.

이게 돈이 되겠어? vs
이것도 돈이 되겠네!

참 재밌는 것이 물꼬를 한번 트는 게 어렵지, 그 이후로는
생각보다 수월하게 수입이 늘어났어요. 블로그 마케팅에 관심을
가지는 분들에게 제가 관리하고 있는 블로그들의 장점과 효과를
샘플처럼 정리하여 보여드렸습니다. 이를 통해 '부업 거래처'를
늘려갈 수 있었습니다. 그런 식으로 블로그 관리라는 부업을
통해서 최대 월 500만 원까지 부수입을 달성할 수 있었어요.
누군가는 제 사례를 보고 '별것도 아닌데 운이 좋아서 돈을
버네'라고 생각하실지도 모릅니다. 이런 기회는 충분한 고민이
뒷받침되면 누구나 찾을 수 있어요. 이 책을 읽는 독자분도
부수입을 얻을 길을 찾으시길 바라요.

아마 제가 여기서 블로그 마케팅으로 돈을 번다고 했을 때 '한물 간 블로그 관리로 부수입을 올린다니 말이 되냐'라고 생각하신 분도 있을 거예요. 그런데 쇼츠나 틱톡, 유튜브 같은 영상 매체들이 주류로 올라선 지금도 블로그는 여전히 매체로서의 영향력을 가지고 있어요. 영상보다 글이 더 익숙한 세대들도 있고, 또 글과 사진도 정보를 전달하는 훌륭한 매체입니다.

저는 예전에 유명한 투자 전문가들이 자신만의 비법을 왜 주변 사람들에게 알려주는지 궁금했습니다. 그런데 제가 본격적으로 부동산 투자에 뛰어들고 투자 고수들도 운 좋게 만나 뵙고, 부동산에 출근 도장을 찍으면서 느낀 게 있는데요. 아무리 좋은 방법을 주변에서 알려줘도 확신이 없으면 열에 아홉은 전혀 실천으로 옮기지 못하더라고요.

거짓말 조금 보태서 대한민국 사람의 족히 절반은 다이어트를 입에 달고 살고, 유튜브에는 초보자부터 고수들을 위한 운동법까지 정보가 흘러넘치잖아요. 요즘 젊은 사람들 사이에 '바프(바디프로필)'가 유행한다곤 하지만 제 주변을 보면 '몸짱'인 사람들이 그렇게 많은 것 같진 않아요. 방법은 알지만 실천하기가 힘들어서 같습니다. 투자도 마찬가지가 아닐까 싶어요. 열심히 공부해서 리스크를 버틸 마음가짐으로 투자에 나서기란 쉽지가 않지요. 그런데 오히려 그렇기 때문에, 모든 사람이 투자에 뛰어드는 것은 아니기 때문에 '내'가 다짐만 한다면 많은 기회를

모든 주택은 언젠가 썩다리가 된다: 4,000% 수익률 하급지 아파트

잡을 수 있지 않을까 생각합니다.

월 500만 원은 제가 블로그 마케팅 부업을 하는 동안 달성한 최고 수치입니다. 그런데 이 수익이 계속해서 유지되는 않더라고요. 의뢰을 받지 못하는 달도 있어 수입이 들쭉날쭉했는데, 얼마 못 버는 달은 정말 적은 돈만 벌기도 했습니다.

부업이란 게 그런 것 같습니다. 대부분의 부업이 고정된 월급 형태가 아닌, 매달 수입이 달라지는 '자영업'에 가깝다 보니 말이죠. 중요한 건 가만히 있지 않고 움직이면 어떻게든 수입이 는다는 것입니다. 그래서 저는 지금도 꾸준히 제 수입을 어떻게 하면 늘릴 수 있을지 고민하면서 지낸답니다. '영끌러'로서 누군가가 보기에 아등바등 사는 것으로 보일 수도 있을 테지만 뭐 어떤가요. 이렇게 열심히 살아서 미래에 건물주가 되는 것으로 보상 받으면 되지 않겠어요?

스스로가 정하는 '포지셔닝'의 중요성

저는 직장을 다니고 있지만 부동산 투자자입니다. 그리고 저는 거래처에 컨설팅과 마케팅을 해주는 사업가이고, 글을 쓰는 작가이기도 합니다. 또 알아주는 사람은 없지만 무명 가수입니다.

'네가 무슨 가수냐!' 라고 하실 수도 있지만 가수하는 데 면허증,
자격증이 필요한 것도 아니고 제가 가수라 생각하면 가수이지요!
부업을 시작할 때도 처음엔 매출이 100만 원도 안 됐는데
'포지션'을 유지하다 보니 거래처가 늘면서 200만 원, 300만
원, 500만 원까지 쭉쭉 올라갔거든요. 부동산도 소소하게나마
등기권리증도 늘리고 수익도 늘려나가면 언젠가 부자
선배님들처럼 되겠지요. 등기도 20채 이상을 첫 목표로
시작했는데 하나둘 늘어나더니 벌써 그 이상에 도달했으니까요.
이 역시 '나는 투자자다'라는 확실한 포지션을 유지해서
가능했던 것 같아요.

내가 생각하는 내가 나를 만드는 것 같아요. 수금 가방 들고
다니면서 수금하는 것이 저의 로망이었는데 벌써 갱신하러
돌아다니면서 수금을 하고 있네요. 수리도 해주면서요. 제 꿈이
가수였는데 노래도 포기하진 않았어요. 비록 아무도 알아주진
않지만 꾸준히 했더니 큰 무대에도 서보게 되었거든요.
부동산 커뮤니티에 쓴 글도 처음에는 조회수 100도 넘기기
어려웠는데 이제는 1만 조회수를 달성하기도 하고, 꾸준히 쓰다
보니 부끄럽게도 책까지 내게 되었잖아요.
제 아는 지인은 저의 이런 마인드를 보고 투자를 했을 뿐
'직장인'이라고 하더라고요. 가격이 떨어진 물건이 있는데 어떻게
투자자냐고 했지요. 그래서 투자한 물건으로 모두 수익을 보게

모든 주택은 언젠가 썩다리가 된다: 4,000% 수익률 하급지 아파트

되면 투자자로 봐도 되냐고 했더니 아무 말을 못 하더라고요.
치와와도 작지만 개이고, 로트와일러처럼 큰 개도 개인 것처럼
크기에 관계 없이 포지셔닝을 확실히 해서 키워나가면 누구나
투자자고 부자가 될 수 있는 것 같아요. 속도의 차이죠. 저는
마음을 단단히 먹고 노력하면 언젠가는 이뤄진다고, 설령
100퍼센트가 아닐지라도 절반의 성공은 거둘 수 있으리라고
믿어요. 그래서 포지셔닝 마인드에 담긴 힘을 믿고 지금도 열심히
노력하고 있습니다.

4장

로열동, 로열층이 아니라도 괜찮다: 600만 원으로 상급지 갈아타기

이번에는 단돈 600만 원으로 상급지 갈아타기를 한 제 이야기를 소개하려 합니다. 처음 마련한 집에서 5년을 지내고 저는 상급지로 가고자 2019년 갈아타기를 결심하였는데요. 제가 갈아타기를 시도한 곳은 서울과 인접한 수도권에 있는 아파트였습니다. 여기가 상당히 의미가 있는 것이 10여 년 전 전세가가 올라 원래 살던 곳에서 밀려났던, 바로 그 동네의 대장급 아파트였기 때문이죠. 그리고 이 갈아타기를 시점으로 제가 본격적으로 부동산 투자를 시작하게 됐거든요.

제가 살아봤던 동네여서 장단점을 잘 알고 있었습니다. 나름대로 공부한 결과 괜찮은 지역이라고 판단했기에 곧바로 임장을 다니기 시작했습니다. 개중 마음에 드는 아파트를 발견하였고 가격을 알아봤는데 국민평수의 호가가 대략 6~7억 원 정도로 형성되어 있었어요. 광화문 업무지구까지 대중교통으로 40분 대에 갈 수 있는 곳이었지요.

일단 사람들이 가장 선호하는 로열동, 로열층부터 살펴봤어요. 2019년은 한창 상승장에 가속도가 붙던 시기였기 때문에 로열동의 경우 하루가 다르게 호가가 올라가고 있었어요. 당연히 저도 로열동에 가고 싶었죠. 그런데 로열동을 가기에는 자금이 부족했고 대출에도 어려움이 있었어요. 제가 살던 곳을 팔아서 마련한 돈에, 배우자와 제가 각각 신용대출을 하고 담보대출까지 끌어오는 그야말로 풀 레버리지를 계획하고 있었기 때문에 현실적으로 불가능했어요. 물론 더 '영혼'을 끌어모으자면 끌어모을 수 있었겠지만 리스크가 너무 컸습니다. 그래서 저는 생각을 바꿨습니다.

가붕개: 사장님, 여기 로열동 말고 다른 매물들도 보여주실 수 있나요?

부동산: 아, 뒤에 있는 동들이 상대적으로 인기가 없어요. 근데 지금 로열동 매물들도 나와 있는데 그걸 보지 않고.

가붕개: 로열동 사기에는 자금이 부족해서요.

로열동이랑 뒷 동이랑 가격 차이가 많이 나나요?

부동산: 글쎄요. 뒷 동이면 급매 나온 것에 수리가 안 된 물건들
잡으면 못해도 억 정도 차이가 나지.
로열동, 로열층에선 한강뷰도 가능하잖아.

가붕개: 그럼 뒷 동 라인에 나온 매물들 보여주세요.

부동산을 돌아다녀보니 천정부지로 치솟은 로열동과 달리 뒷 동은 상황이 달랐습니다. 물건을 살펴보러 오는 사람도 거의 없었고 매물로 나온 물건들의 시세도 KB부동산 시세와 거의 근접해 있었습니다. 아시겠지만 실거래가나 시장의 호가가 아니라 은행이 자체적으로 산정한 적정가를 바탕으로 대출 금액이 정해지기 때문에 실질적으로 보금자리론을 활용하면 매매가 대비 75% 가까이 대출이 가능하다고 판단했어요.

대출이 안 된다고
포기하지 말자
▼ ▼ ▼

그렇게 무난하게 흘러갈 줄 알았던 갈아타기는 대출에서 문제가 생기고 맙니다. 여러 은행을 돌아다녔는데 생각하고 있는 집값의 60%까지 나올 수 있을 것 같다며, 좀 더 저렴한 아래 단계의 집을 알아보셔야 한다는 말 뿐이었습니다. 부동산 사장

로열동, 로열층이 아니라도 괜찮다: 600만 원으로 상급지 갈아타기

님들이 대출 상담사를 많이 알고 있기 때문에 부동산도 엄청 돌아다녔습니다. 그러다 우연히 알게 된 A부동산 사장님께서 다른 부동산 사장님과 다르게 친절하게 정보를 주셨습니다. 그러면서 저희 부부가 정말 간절하다면 대출을 집값의 85% 이상 받을 수 있는 길이 있다고 하셨지요.

당시 일반적인 주택담보대출 LTV가 60%였으니 은행원이나 부동산이나 당연히 그렇게 안내를 했겠죠. 하지만 A부동산 사장님은 부동산 투자를 꾸준히 하신 분이시고 정보력과 인맥도 많은 부동산 사장님이셨어요. 몇 군데 전화를 하시더니 어느 은행지점장인데 도와주실 거라고 연결을 해주셨습니다. 저희 부부는 완전 감탄했지요.

그렇게 보금자리론과 LTV에서 자유로운 후순위대출까지 합해 85%의 대출을 일으켰습니다. 중요한 것은 대출은 KB시세로 하는데 앞 동은 신고가를 갱신하고 있어서 KB시세가 높게 잡혀 있었고, 뒷 동 저층은 오히려 KB시세보다 저렴해서 실제로는 매수가의 거의 90%가 넘게 대출이 나왔습니다. 2%대의 초저금리로 90%에 가까운 레버리지를 일으켜 갈아타기에 성공한 것이죠. 원래 보유했던 집을 팔아 마련한 돈과 신용·담보대출을 제외하고 추가적으로 들어간 돈은 600만 원 정도밖에 되지 않았어요.

그렇게 구매한 집은 2년이 지나기도 전에 실거래가만 6억

이번 생에 건물주 한번 돼보고 죽을랍니다

원 넘게 올랐습니다. 자본금 없이 은행돈으로 자산을 수억 원 불린 것과 다름없지요. 대출을 너무 많이 받은 게 아니냐는 우려를 하실 텐데, 당시 저희 부부의 벌이로 충분히 상환할 능력이 있었습니다.

부동산 투자를 하기 전에 알고 있던 은행은 소득과 신용을 심사해서 대출을 승인해 주는 어렵고 두려운 곳이었어요. 친구나 지인에게 돈을 빚지는 것과 비슷하게 인식되기 때문에 은행이 대출을 해준다는 것은 저에게 감사할 일이라고 생각했죠. 그런데 부동산 사장님께서 말씀하시기를 은행도 돈을 빌려줘서 이윤을 발생시키는 기업이기 때문에 잘만 찾아보면 좋은 조건으로 받을 수 있다고 했습니다.

이후 저는 담보대출을 할 은행을 알아볼 때 부동산 임장하듯이 최대한 많은 은행을 비교하면서 가장 유리한 조건으로 발굴하고 있습니다. 같은 은행이라도 지점별로 한도와 프로모션은 다르게 적용되더라고요.

비선호동이라도 상급지로
갈아타는 게 좋은 이유
▼ ▼ ▼

일반적으로 실거주지든 투자 물건이든 사람들은 아파트 단지 안에서 로열동, 로열층으로 이사를 가고 싶어 합니다. 거주 만족도가 높기 때문인데요. 그런데 저는 같은 급지 내에서 실거주지를 옮기는 거면 모르겠지만, 급지를 갈아타는 것이라면 로열동, 로열층을 고집할 필요가 없다고 생각해요. 좋아하는 표현은 아니지만 소위 못난이동, 못난이층도 괜찮은 선택이라고 봅니다.

첫째, 부동산은 급지별 계급이 분명히 존재합니다. 사람에 계급이 어디 있으며, 직업에 귀천이 어디 있겠어요. 저 역시 직업이나 벌이, 사는 곳으로 사람을 차별하고 그러는 사람은 아닙니다. 그런데 부동산에는 계급이 있습니다. 그게 현실입니다. 직주근접이 가능한 동네, 학교와 학원이 있어 자녀를 키우기 좋은 동네, 상권이 조성된 동네, 대중교통을 원활하게 이용할 수 있고 공원이 있는 동네. 우리 모두가 살고 싶어 하는 동네이지요.

이런 조건들이 얼마나 마련되어 있느냐에 따라 부동산은 '계급'이 갈립니다. 그런데 이 계급에도 기준이 있어요. 첫 번째 기준이 지역이고, 다음 기준이 지역 내 동네, 그리고 마지막이 건축물 형태이지요. 저는 기준이 되는 지점을 뛰어넘는 갈아타기라면 비선호동도 좋다고 생각해요. 어쨌든 상급지로 올라서면 거주 만족도가 엄청나게 업그레이드되거든요. 상권이나 교통, 교육환경 등 해당 단지에 속한 여러 가지 인프라는 동일하게 누릴 수 있으니까요.

둘째, 가격이 저렴합니다. 보통 비선호동과 로열동은 적게는 수천만 원에서 많게는 억 단위로 가격이 차이가 납니다. 비선호 동은 전망이 좋지 않거나 아파트 출입구에서 먼 곳에 위치해 있는 경우가 많은데요. 예컨대 5호선 행당역 바로 앞에 위치한 행당대림아파트의 경우 총 3,404세대에 달하는 대단지인데요. 경사진 땅에 계단식으로 아파트가 지어져 역에서 멀어질수록 지대가 높아지는 구성입니다. 그래서 역에서 가까운 앞 동과 뒷 동 사이의 선호도와 가격차가 어느 정도 있는 편이지요. 가격이 저렴한 비선호동은 적은 자금으로 갈아타기를 하려는 사람에게 좋은 선택지가 될 수 있지요. 그래서 하락장 때 상급지 아파트의 비선호동을 노리는 것도 좋은 전략입니다.

셋째, 상승장엔 '못난이'도 단지 '버프'를 받습니다. 앞서 못난이도 로열과 동일한 인프라를 누릴 수 있다고 하였는데요. 그 말인즉슨 결국 '동일한 단지'라는 말입니다. 상승장에 들어서면 못난이도 로열과 동일한 급지기 때문에 자신이 속한 급지의 상승량을 따라가게 됩니다. 당연히 하급지보다 더 높은 수익금을 기대할 수 있지요.

참고로 앞서 말한 행당대림아파트의 경우 제가 찾아본 바에 따르면 IMF 직전 1997년에 25평형(전용 59m²) 분양가가 1억 1,400만 원가량 했답니다. 왕십리는 현재 4개 노선이 지나는 쿼드라 역세권인데 추후 동북선이 개통되면 펜타 역세권, 만약 추진 중인 GTX-C 정차역까지 된다면 무려 6개의 노선이 교차하

로열동, 로열층이 아니라도 괜찮다: 600만 원으로 상급지 갈아타기

는 초대형 역이 되는데요. 뉴타운을 위시한 왕십리 지역의 발전으로 이 아파트의 전고가는 11억 8,800만 원까지 치솟았답니다. 이 과정에서 비선호동도 동일한 수준의 상승량을 보여줬지요.

상대적 비교를 통해
저평가 매물을 잡는 방법
▼ ▼ ▼

여기서 한마디 첨언을 하자면 내가 강남에 살지 않더라도 강남 부동산 시장을 잘 관찰해야 하는 이유도 부동산에 존재하는 계급, '서열'에 있습니다.

만약 수도권 시장에서 강남이 급등한다면 그 옆에 위치한 동네 시세에도 영향을 미치겠지요? 예를 들어 강남과 10% 정도 가격차가 있던 옆 동네 단지라고 합시다. 우리나라 전체 부동산 시장의 대장격인 강남 부동산 가격이 오르면 이곳도 그 영향을 받아 호가를 올리겠죠. 그렇게 서열에 맞춰 순차적으로 시세가 '재편성'됩니다. 그래서 서울 핵심지의 시세와 내가 살고 있는 지역의 대장을 살펴보면 아직 '재편성'되기 전의 매물을 선점할 수 있어요. 수요자들이 주변부로 밀려나는 현상 때문에 벌어지는 현상이며 이를 예측하는 사람들로 인한 가격의 선반영이기도 합니다. 그래서 수도권에 살아도 서울 주요 단지의 시세를 관심 있게 관찰해야 하는 것이고요.

수요가 밀려나는 현상은 빌라에도 적용됩니다. 만약 아파트가 급등해서 2배가 올랐다고 가정한다면 그 옆 빌라도 급등하게 됩니다. 그 동네에 꼭 살아야만 하는 사람은 가격에 맞춰서 빌라를 매입하거나 임차할 수밖에 없고 수요가 늘면 결국 가격으로 반영되기 때문입니다. 제가 아파트가 이미 많이 올랐을 때 그 옆에 아직 오르지 않았던 빌라를 집중적으로 매수해서 높은 수익률을 달성했던 것도 이 점을 활용했던 것이었어요.

스마트 스토어에
도전한 이유와 포기한 이유

한때 직장인들 부업으로 스마트 스토어 열풍이 일었던 적이
있는데요. 저 역시 온라인 커머스 시장에 관심이 많아서 스마트
스토어에 도전한 적이 있습니다. 과거에 오픈 마켓 판매를 해본
경험도 있어 낯설지 않았고, 저와 배우자가 자투리 시간을
활용해서 함께 관리해 안정화 시키면 좋은 수익원이 될 수
있겠다고 생각했어요. 아이들이 아직 어린 상황에서 선택할 수
있는 부업은 한정적이었는데, 스마트 스토어는 최적의
선택이라고 생각했습니다.

저는 옛날에 직장에 다니면서 오픈 마켓인 옥션과 G마켓에
쇼핑몰을 운영했던 경험이 있습니다. 당시에는 판매자들이
중국에서 물건을 도매로 구매해 재고를 쌓아놓고 판매하는
방식이 주였는데 초기 투자비용이 들고, 물건을 보관할 공간이
필요하며, 판매가 안 됐을 때의 리스크가 컸어요.

운 좋게 대박이 난 적도 있었고, 곤욕스러웠던 적도 있어요.
빼빼로 데이를 맞이해 다양한 빼빼로를 구매하여 선물용으로
포장한 나만의 빼빼로 상품을 만들었지요. 14,900원으로 가격을

정해 상단노출 유료광고를 등록해 수량을 999개로 올렸어요.
전부 수작업으로 만드는 제품이었는데 주문이 폭주하는 바람에
수많은 사람들에게 배송을 해드리지 못하고 엄청나게 욕을 먹은
적도 있습니다. 왕창 사입했다가 제품이 안 팔려서 결국 헐값에
매각한 적도 있었고요.

스마트 스토어는 내가 직접 물건을 매입해야 하는 부담 없이
인터넷 판매를 할 수 있다는 점이 너무 매력적이었습니다.
위탁판매는 재고 부담 없이 도매 사이트에 올라와 있는 상품들의
판매 페이지만 꾸며서 스토어에 올려놓고 판매가 되면 그때
상품을 보내는 방식이어서 안 할 이유가 없겠다고 생각했어요.
희망을 가지고 먼저 유튜브를 찾아서 하나하나 방법을 배우기
시작했습니다. 통신판매업을 등록하는 방법부터 어떤 물건을 어느
시즌에 취급하는지, 트렌드를 어떻게 공략하는지 영상을 통해
배우기 시작했습니다.

그런데 구매대행이나 위탁판매는 무한 경쟁시장이고 결국
단가경쟁으로 귀결되는데 너무 저렴하게 판매해서는 시간과
노력 대비 수익을 기대하기 어렵다고 판단했어요. 까딱해선 도매
사이트 대신 일만 해주는 모양새가 될지도 모른다고 생각됐죠.
내가 돈을 벌기 위해서는 나만의 아이템을 발굴하고 사업을
해야 하는 게 아닌가 싶었습니다. 그렇다면 처음 취지와 다르게
투자금이 필요해지는 것인데요.

그렇게 막연하던 찰나에 핵심 노하우를 전달한다는 유명
유튜버가 진행하는 수백만 원짜리 강의를 선착순으로 모집하는
것을 놓고 고민을 많이 했습니다. 가서 사람을 사귀고 공감대를
얻고 의지할 수 있는 끈이 될 수도 있겠다고 생각했지만 따지고
보면 모두가 경쟁상대가 되는 것은 아닌가 싶었어요.

N잡의 목표는
돈을 버는 것임을 잊지 말자

결론적으로 저는 추가소득을 얻기 위해 강의를 들어야 하거나
막연하게 광고비를 지출하는 오픈 마켓이나 구매대행은 손실만
보고 접었습니다.
왜 실패를 했나 생각해보니, 제 상황과 성향이 위탁판매업과
잘 맞지 않았다고 결론 내렸어요. 저는 일과 시간 동안 회사
업무로 바쁘고, 일과 후 아이들과 시간을 보내는 것도 중요했기
때문에 스마트 스토어에 투자할 수 있는 시간이 별로 없었는데요.
블로그 관리와는 다르게 스마트 스토어는 제대로 운영하려면
생각보다 많은 시간을 투자해야 했어요. 상세 페이지와
썸네일이 중요한 시장인데 사람들을 끌어들일 만한 광고 문구나
페이지를 꾸밀 시간적 여력이 없었고, 본업으로 쌓은 대면

커뮤니케이션 특화 능력을 발휘할 수 있는 분야도 아니었기에
제가 잘할 수 있는 부업이 아니었던 것이죠.

저는 N잡의 목적은 추가소득이란 걸 간과해선 안 된다고
생각합니다. N잡을 빌미로 소비를 유도하는 콘텐츠가 너무나
많습니다.

저 같은 경우 최근에 책을 쓴다고 책 검색을 많이 해서 알고리즘이
만들어져서인지, '한 달 만에 유명 작가가 되는 법' 같은 광고들이
많이 떴는데 들어가서 보면 대부분 고액의 수강료를 내야 하는
강의들이었습니다. 돈을 버는 기술을 빠르고 시행착오 없이
마스터하기 위해선 강의를 들어야 한다고 주장하는 사람도
많습니다만, 몇백만 원 심지어는 1,000만 원이 넘는 강의들을
선뜻 결제하기란 쉽지 않지요. 그만큼 '페이백'이 될 거란
보장도 없고요. 마케팅을 위해 소수의 경우를 과장되게 포장한 건
아닌지 의심해 볼 필요도 있습니다.

강의나 유튜브 컨텐츠, 그리고 책을 너무 맹신하며
매몰되기보다는 나의 장단점과 성향을 되새겨 보고 '어떻게
자산을 생산할 것인가'에 집중하는 편이 좋다고 생각해요.
그래서 저는 잘 맞는 부업은 유지하되 안 맞는 부업은 유행이라고
따라하지 않고 그 시간을 제가 좋아하는 부동산에 사용했어요.
투자에 시행착오를 겪더라도 천천히 전진하면서 진정한
노하우를 축적하고, 그 노하우를 나만의 콘텐츠로 만들어 내는

것으로 제가 추구할 N잡의 방향성을 잡았어요.

당장 돈을 벌어야 하는데 언제 적성을 찾고, 언제 시행착오를 지나 돈을 버냐고 물을 수도 있겠죠. 차라리 돈을 주고 노하우를 사는 것이 빠른 길일 수 있지만 그것도 준비된 사람에게만 적용된다고 생각해요. 모든 결실은 한 번에 주어지지 않는다는 것을 저는 잘 알고 있고, 그래서 부동산이든 부업이든 내게 맞는 방식으로 밑바닥부터 올라가고자 해요.

물론 스마트 스토어도 성공할 수 있지요. 제 주변에도 전업으로 스토어를 운영하면서 꾸준히 수익을 내어서, 열정적으로 매진 중인 지인도 있습니다. 적성에 맞는 사람도 있겠지만 어쨌든 각자의 상황과 성향에 맞춰 N잡을 찾는 게 중요하다고 봅니다.

5장

갭 메우기도 단계가 있다:
주상복합아파트

부동산에서 역세권이 얼마나 중요하냐면 아시는 분은 아시겠지만 아예 법령으로 '역세권'의 기준을 설명할 정도입니다. 서울시조례상 법적으로 역세권은 지하철, 국철, 경전철 등 모든 개통된 역의 중심으로부터 반경 500m 이내의 지역을 말합니다. 역 승강장 중심에서부터 250m 이내가 1차 역세권이고, 2차 역세권은 250~500m 지역을 말하지요. 원래 2022년 12월까지 1차 역세권의 범위를 반경 350m까지로 완화하기로 하였었는데요. 2022년 여름, 이를 2024년까지 연장하는 것으로 결정되었어요. 이렇게 역세권 구역을 군이 정하는 것은 이 기준에 부합하느냐

갭 메우기도 단계가 있다: 주상복합아파트

안 하느냐에 따라 고밀도 개발 사업에 있어 차이가 생기기 때문입니다.

어쨌든 대략 역에서 500m 반경 내에는 역세권이라고 불러도 무방하다고 할 수 있습니다. 일반적인 성인의 걸음걸이로 5~6분 정도면 도착할 수 있는 거리이지요. 이번에 소개해드릴 사례는 바로 8호선 개통이 예정된 더블역세권 투자입니다. 제가

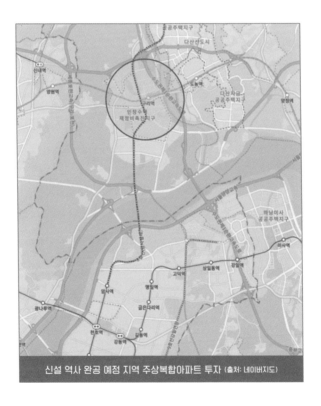

신설 역사 완공 예정 지역 주상복합아파트 투자 (출처: 네이버지도)

이번 생에 건물주 한번 돼보고 죽을랍니다

직접 투자한 사례는 아니고 친동생 같은 사이라 동생이라 부르는 제 처제의 사례인데요.

2021년 여름이었고 당시 동생 식구는 전세를 살고 있었어요. 집주인이 집을 팔았는데 새로운 집주인이 실입주를 하기로 해서 집을 비워줘야 하는 상황이었습니다. 그래서 집을 알아본다고 하기에 제가 이참에 집을 사보는 것은 어떠냐고 권했어요. 동생 부부도 집을 사고 싶은 마음은 굴뚝인데 돈이 없어서 엄두를 못 내고 있다고 하였습니다. 그래서 제가 도와줄 테니 저녁한 끼 먹자고 했어요.

그리고 어차피 당장 실거주할 집을 살 형편이 되지 않는다면 갭투자로 집을 매수하고 보증금을 줄여서 월세로 사는 것이 어떻겠냐고 권했지요. 네이버부동산을 켜서 현재 동생 가족이 살고 있는 구리 교문동을 중심으로 주변 집들을 살펴보기 시작했습니다.

8호선 개통과 대규모 재개발이 예정된 지역이었기 때문에 전세 매물이 씨가 말라 있는 상황이었는데 매물로 나온 주상복합아파트가 하나 있었습니다. 매매가는 5억 2,000만 원이었고 부동산 4곳에 동시에 올라와 있었습니다. 부동산 여러 곳에 매물을 올렸다는 것은 매도자가 그만큼 매도 의지가 크다는 걸 보여줍니다. '에누리'의 여지가 있는 것이지요. 현재 공실 상태였는데 제 입장에선 이것도 나쁘지 않았습니다.

갭 메우기도 단계가 있다: 주상복합아파트

저는 먼저 과거 전세 계약 이력을 확인해 보았어요. 최근 근방에 비슷한 사이즈의 집이 4억 5,000만 원에 전세 거래된 이력이 있었기 때문에 만약 이 물건을 사서 전세금을 5억 원으로 맞춘다면 2,000만 원만 있으면 집을 살 수 있겠더라고요. 가을철 이사 시즌이 되면 안 그래도 부족한 전세 시장에서 곧바로 '실입주'할 수 있다는 장점도 있었지요. 그래서 곧바로 물건을 보러 가겠다고 집주인과 약속을 잡았고, 200만 원 깎아서 결국 계약서를 썼습니다.

만약 세입자를 구하지 못하면 어쩌냐고요? 전세금을 내리면 되죠. 어려울 것 있나요? 당연히 그 정도는 미리 생각해두겠지만, 그렇다고 4억 5,000만 원 하던 전세 매물의 전세가가 갑자기 반 토막 나서 2억 원이 되는 일은 벌어지지 않으니까요. 아니면 막말로 무주택자니깐 좀 빠듯하더라도 실입주를 해도 되고요. 어차피 나도 살 곳이 필요하잖아요.

전세를 받아야 매매금을 낼 수 있으니 4개월 후 잔금을 지급하되 중간에 전세 세입자가 입주하면 잔금일정을 당길 수 있는 특약을 걸었습니다. 동생은 무주택자였기 때문에 세금이 1.2%밖에 안 됐습니다. 세금과 복비까지 다 해봤자 2,500만 원 정도면 충분했지요.

지역별 갭 메우기,
입지별 갭 메우기,
종목별 갭 메우기
▼ ▼ ▼

제가 이 집을 동생에게 추천한 이유는 구리역에서 600m 내에 있는 역세권이 조만간 8호선 개통이 예정된 지역이라는 사실이 가장 크게 작용했습니다. 또 35평 이상의 아주 넓은 집이었다는 것도 마음에 들었습니다. 역세권에 넓은 평수란 곧 수요가 보장된다는 뜻과 같죠. 주변 전세 매물을 보면 준공한 지 30년이 넘은 구축 아파트 전세가 6억 원에 나와 있었습니다. 그래서 주상복합아파트를 사서 전세를 5억에 내놓아도 되겠다 싶었던 것입니다.

보통 지역별 갭 메우기라고 하지요. 메인 지역의 부동산 가격이 뛰면 주변부도 자연스럽게 가격이 올라갑니다. 그런데 이러한 갭 메우기, 키 맞추기는 지역 내에서도 이뤄집니다. 제 동생이 매매한 부동산이 주변의 다른 아파트에 비해 가격이 낮았던 것은 약 200세대가 거주하는 규모가 작은 주상복합아파트였기 때문입니다. 환금성은 떨어지지만 이곳도 주변 시세에 맞춰 '키'를 맞출 것이라 생각했어요.

일반적으로 특정 지역에 거주하려는 사람들이 가장 먼저 고려하는 것은 대장 아파트입니다. 위치나 거주환경이 가장 우

갭 메우기도 단계가 있다: 주상복합아파트

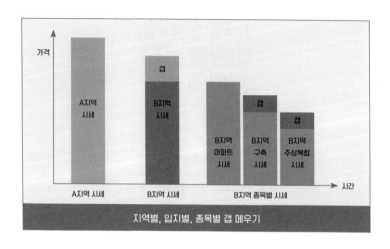

지역별, 입지별, 종목별 갭 메우기

수하기 때문이죠. 이 대장 아파트를 기준으로 삼아 만약 대장 아파트 입주가 어려우면 그 옆의 아파트, 그곳도 힘들면 옆옆 아파트 순으로 고려하게 됩니다. 해당 지역에 거주할 필요성이 큰 수요자가 많을수록 대장 아파트가 아닌 주변부 아파트에 대한 수요도 유지되게 되고, 결국 전세가가 대장 아파트 가격으로 수렴하게 되지요. 정리하자면 부동산 가격은 지역별, 지역 내 입지별, 입지 내 종목별 순서로 갭을 메운다고 할 수 있습니다.

물론 주상복합아파트의 경우 가격이 반영되는 속도가 아파트에 비해 상대적으로 느릴 수 있지만, 적은 돈으로 투자할 수 있다는 점을 생각하면 충분히 매력적인 투자라고 생각했습니다. 집을 파시는 분도 투자자이신 것 같았는데 경험이 많아 보이셨어요. 대출이 하나도 없으셨던 걸 보니 자산가로 보이셨습니다. 더 좋은 투자처를 발견하시고 자금 마련을 위해 매도를 하시는 거로 보였는데, 그런 자산가 분이 구매하셨던 물건이니 더욱 안심이 되었어요. 구리역의 8호선 연장 별내선의 완공은 2024년으로 예정되어 있습니다. 앞으로 역이 개통되면 가격에 반영이 더 되겠죠.

결국 저 같은 소시민이 할 수 있는 부동산 투자의 핵심은 갭 메우기라고 생각해요. 갭 메우기 개념만 가지고 있으면 생각보다 투자 기회는 많지 않을까 싶습니다.

착각하지 말자, 돈은 나만 없는 것이다
▼ ▼ ▼

제가 위 사례를 부동산 커뮤니티에 소개했을 때 서울도 아닌 수도권 주상복합아파트가 왜 이렇게 비싸냐며 비아냥대는 사람들이 있었는데요. 그럼 일단 부동산 시장 가격을 이끄는 '대장주'에 대해서 생각해봅시다.

서울에서 강남, 같은 구 안에서도 최고의 입지에 자리한 신축급 아파트, 재건축 아파트가 가격을 이끌고 이 기준에 따라 주변부 부동산의 가격대가 형성되지요. 대장주를 보면 정말 입이 떡 벌어지게 비싼데 과연 여기 사는 사람들은 누굴까 싶습니다. 운 좋게 그 동네에서 태어나 오랫동안 살아왔거나 로또 분양에 당첨된 것일까요? 아니요. 매매 거래를 통해 취득한 사람이 넘쳐 납니다.

제가 다니는 회사의 사장님은 KTX 초역세권에 10층 넘는 빌딩을 갖고 계실 정도로 부자이십니다. 저희 사장님 입장에선 제가 부동산 몇 채에 투자하느니, 수익률이 얼마니 이런 것엔 전혀 관심이 없으실 겁니다. 그분 입장에서는 제가 아무리 날고 기어봤자 그냥 평범한 사람에 불과하기 때문이죠. 사장님 주변에는 몇천 억대 부자들이 많아요. 세상에 돈 많은 사람들이 정말 많습니다.

특히 요즘에는 유튜브나 이커머스를 통해 부를 축적한 신흥 부자들도 엄청 많잖아요. 성공한 유튜버들이 한강뷰 아파트 입주하는 브이로그를 심심찮게 올리곤 하지요. 경기가 아무리 어렵다, 어렵다 해도 샤넬은 2021년 무려 1조 2,000억 원의 매출과 2,490억 원의 영업이익을 기록하며 역대 최고 실적을 갱신했습니다(중앙일보, 삼성전자보다 더 '잘' 벌었다...샤넬코리아 영업이익 67% 급증, 2022.04.14). 명품을 사기 위해 줄서기 알바가 새로운 부업으로 떠오를 정도이지요.

오픈런 열풍을 바라보면서 '경제가 어렵다고 난리인데 저거 다 허세지'라고 생각할지, '세상에 돈 많은 사람들이 정말 많구나'라고 생각할지 본인의 선택입니다. 그러나 부자가 되고 싶다면 냉정하게 판단해야 합니다.

내가 돈이 없다고 남들도 돈이 없다고 생각하면 안 돼요. 설령 명품 열풍이 사람들의 허세에 기인했다고 판단되더라도 '사람들이 무리해가며 명품을 사는 이유가 뭘까?'라고 고민해 보고 앞으로도 잘 팔릴 것 같으면 관련 주식에 투자라도 해야 하나 고민하는 게 자본주의적 사고방식입니다. '저거 다 허세야'라고 생각하는 것에서 그치면 안 된다고 생각해요.

상승장을 거치며 부동산이 비현실적으로 비싸진 것처럼 보이지만 부동산은 예나 지금이나 비쌌습니다. 강남 은마아파트 1채가 평당 68만 원이던 1979년에도 아파트 가격 거품 논란이 있었고, 직장인이 월급을 모아 집을 살 수 있겠냐는 말이 나왔습니다. 현실은 우리나라는 세계 10위권 경제 대국이고, 내 입장에서 아무리 비싸 보이는 부동산이라도 기꺼이 그 돈을 지불하고 부동산을 구매할 사람이 있다는 사실입니다. 지금 은마아파트의 예상 분양가는 평당 7,700만 원입니다. 44년 전의 110배예요.

빈부차가 커지는 상황에서 평균적인 직장인들보다 훨씬 많은 돈을 버는 사람들은 웃돈을 주고라도 본인이 원하는 부동산을 취득하고 싶어 하고 이로 인한 낙수효과는 하급지 부동산까지 자연스럽게 영향을 미치게 됩니다. 왜냐하면 거듭 말씀드렸다시피 집이란 먹을 것, 입을 것과 달리 안 먹고 안 입거나 대체재를 찾기 어려운 재화이기 때문이에요. 집은 잠만 자면 충분하다고 생각하는 사람일지라도, 3인 가족이 단칸방에 살긴 어려우

　　　갭 메우기도 단계가 있다: 주상복합아파트

니 중심지에서 밀려나면 주변부에서라도 방 3칸 집을 찾는 게 자연스러운 현상입니다.

서울과 수도권 부동산 가격은 정말 비싸지요. 우리나라 직장인들의 평균 월급과 중위소득이 각각 320만 원, 242만 원인 것을 생각해보면 확 체감이 됩니다. 그런데 평균 월급, 중위소득은 말 그대로 '평균값'입니다. 그보다 작게 버는 사람도 많다는 것이고, 그보다 훨씬 많이 버는 사람도 많다는 뜻이죠. 내가 돈이 없다고 남들도 돈이 없는 게 아니라는 것입니다.

2019년부터 2021년까지 저금리와 유동성 증가로 부동산 가격이 오르면서 많은 사람들이 영끌 투자에 뛰어들었는데요. 30대 이하의 주택 매입 비중은 꾸준하게 증가했습니다. 상승장이 지속되면서 '내 집 마련이 점점 힘들어진다'라는 불안감이 크게 작용한 결과이지만, 영끌도 정도와 한계가 있습니다. DTI와 DSR, LTV라는 대출 규제 정책이 있기 때문에 한도 끝도 없이 대출 받을 순 없어요. 영끌 열풍의 본질은 비싸 보이는 가격이었지만, 그 정도 가격을 감당할 만한 사람들이 그만큼 많았다는 뜻이기도 합니다. 실제 2023년 3월 KB금융경영연구소가 발표한 자료에 따르면 우리나라 주택담보대출의 연체율이 0.1% 수준으로 안정적이라고 하였어요.

2022년 금리가 크게 오르고 시장을 관망하려는 분위기가 조성되면서 30대 영끌 투자자가 줄어들었습니다. 그리고 기존의 영끌 투자자들 중에서 버티지 못하고 물건을 내놓는 사람들도 속속 생겼고 그래서 유명 아파트 단지에서도 '신저가'가 출몰하기 시작했지요. 이때다 싶어 부동산 장기 하락을 주장하는 사람들은 '폭락' 사태가 다가올 것이라고 주장하는데요.

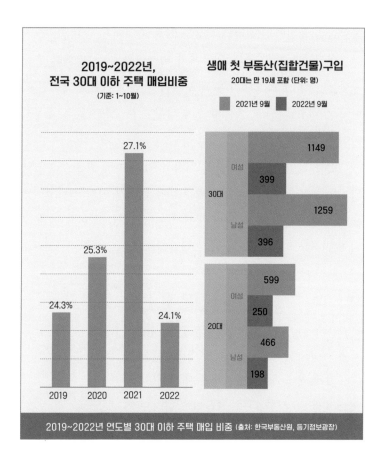

2019~2022년 연도별 30대 이하 주택 매입 비중 (출처: 한국부동산원, 등기정보광장)

그런데 저는 이러한 상황이 단기적으로 이어질 순 있어도 소위 하락론자들이 말하는 것처럼 수도권 부동산 가격이 반 토막 나는 사태는 절대로 일어날 수 없다고 생각합니다. 왜냐하면 수십 년간의 경험을 통해 결국 사이클이 지나면 부동산은 다시 상승한다는 것을 사람들이 체감했거든요. 일부 크게 타격받은 사람들의 물건이 소진되면 시장도 안정될 것이라 생각합니다.

실거주 1주택자들의 입장에선 리스크를 너무 빡빡하게 예측한 사람들 빼고는 어차피 깔고 앉아 살면서 기회를 엿보면 된다고 생각할 것이고, 수익률을 중시하는 다주택자들의 경우는 더더욱 그러지요.

만약 금리가 말도 못하게 뛰어서 너도 나도 집을 내놓는다면 어떡할까요? 솔직히 그땐 부동산이 문제가 아니라 먹고사는 걸 걱정해야 할 정도로 나라 경제가 휘청거리는 상태일 텐데 그런 일이 쉽사리 오진 않을 거라 생각해요.

당신이 집을 못 사는
진짜 이유는 돈이 아니다
▼ ▼ ▼

이게 무슨 말일까요. 돈은 내가 없을 뿐 부자는 많다. 근데 내가 집을 못 사는 건 돈 때문이 아니라니.

사람은 본질적으로 좋은 것을 추구합니다. 나보다 잘난 사

이번 생에 건물주 한번 돼보고 죽을랍니다

람들과 어울리고 싶어 하지요. 그래서 서울의 핵심지 부동산은 앞으로도 꾸준히 상승할 것이고 웃돈을 주고서라도 강남에 입성하고 싶은 사람도 계속 생길 것입니다. 반면 일자리가 없거나 선호하지 않는 지역의 부동산은 오르지 못하거나 하락하겠죠. 그래서 부동산은 무조건 우상향 한다는 말이 반은 맞고 반은 틀린 것이고요.

이제 한번 생각해봅시다. 나라는 사람이 '좋은 것'을 추구하는 사람인지요. 돈이 싫고, 형편이 좋아지는 것도 싫고, 나보다 못사는 사람들과 더 어울리고 싶은 흔치 않은 사람도 있겠지만 드물 거라 생각해요. 소득 대비 부동산 가격이 너무 높아서 거품이고 평생 일해도 집을 사지 못하는 것은 잘못되었다고 하는 이야기는 엄밀히 말해 틀렸습니다. 극단적으로 전남 고흥의 전국에서 제일 싼 아파트로 유명한 곳이 있는데 800만 원 가량이면 9평 남짓 되는 아파트를 살 수 있습니다.

> "사람들이 집을 못 사는 건 모두가 살기 원하는
> 좋은 지역의 좋은 아파트를 기준으로 삼기 때문입니다."

그래서 전월세에 살면서 나는 이 정도 집에 거주할 만한 능력이 있다고 '착각'하고 전세금이나 월세가 오르면 쉽사리 현실을 받아들이지 못해요.

현실과 이상의 괴리가 심해지는 것은 SNS의 영향도 크다고 생각합니다. 평범한 일상이 아닌 특별한 날들이 과시된 글들을 보면서 나 정도면 서울 아파트 정도는 가져야 되는데 나의 소득 수준으로는 안 되기 때문에 사회가 잘못되었다고 생각하고 싶은 심리가 반영될 수 있다고 생각합니다.

지금 당장 강남에 입성한다는 건 평범한 사람에겐 말도 안 되는 일이지만, 반대로 시골 반지하 빌라는 저소득이라도 마음먹으면 살 수 있는 사람이 많을 겁니다. 그래서 본인의 처지를 빠르게 판단하고 어떻게 하면 부의 사다리를 탈지 고민하는 게 매우 중요합니다. 소득은 평범한데 강남 고가 주택만 바라보지 말고, 내 현실과 소득에 맞게 시장에 참여해서 상승 흐름을 몇 번 타다 보면 더 좋은 기회를 맞이할 수 있을 거라 봅니다. 저 역시 그런 생각으로 적극적으로 부동산 투자에 임하고 있고요.

이번 생에 건물주 한번 돼보고 죽을랍니다

투자 물건보다 시황 분석이 먼저,
은행은 너무 믿지 말자

본업과 부업까지 하면서 부동산 투자를 하려면 시간이
부족하지 않을까 생각하시는 분이 많은데요. 시장 상황과
지역별, 입지별, 종목별 서열만 파악한다면 시간을 거의 쓰지
않아도 투자를 할 수 있습니다. 호재가 많은 지역을 후보로
정해놓고, A지역의 A아파트 로얄동, 로얄층의 호가가 얼마이고
어느 정도 가격에 거래되는지 살펴보고 다른 동이나 주변의
다른 단지가 대략 "이 정도 가격까지는 안 이상해"라고 나름의
방식으로 가격표를 정리하면 됩니다. 기준점이 적정한지는
다른 지역과 비교해보면 알 수 있어요.
그런데 만약 이런 상황에서 B아파트 저층이 "안 이상해"보다
훨씬 저렴하게 나오면 그 물건은 싼 물건이라 판단합니다.
그럼 전화를 해보죠. 실입주가 되는지, 급한 물건인지,
전세 시세를 알아보고 투자금은 얼마 정도 되는지
계산해볼 수 있죠. 그렇게 가시권 안에 들어온다면 본격적으로
집을 본다거나 협상을 합니다.
집 내부 임장도 저는 시간을 많이 쓰는 편이 아닙니다.

갭 메우기도 단계가 있다: 주상복합아파트

특히 구축의 경우 아파트 내부는 대부분 비슷하게 생겼기 때문에
구조도만 봐도 훤히 예상이 되어요. 그래서 임장 시에 집안 내부를
빠르게 살펴보는 편입니다. 어차피 도배와 장판, 화장실은
수리할 생각이기에, 만약 단점들이 보인다면 콕콕 선별하여
가격을 깎을 카드로 사용합니다.

사실 직장을 다니면서 컴퓨터나 휴대폰은 쓸 수 있잖아요.
기본적으로 인터넷과 전화로 투자 물건에 대해 알아보기 때문에
점심을 먹고 남은 시간이나, 외근을 가는 도중이나, 화장실에서
볼일을 보는 자투리 시간으로도 충분히 투자처를 찾아볼 수 있어요.
오히려 제가 시간을 쏟는 것은 투자할 물건이 아니라
'시장 분석'이에요. 부동산은 사야 할 시기가 있습니다.
결과론적으로 상승장 흐름에 올라타기만 하면 대부분의 물건은
수익을 볼 수 있다는 게 그동안의 통계적 결과에요.
그래서 임장을 다니는 것보다 전체적인 부동산 시장의 흐름을
살피는 데 주력하는 편이에요. 입주물량으로 조정을 받는 등
특정한 요인이 발생하였고, 추후 상승 여력이 있다고
판단된다면 예산에 맞게 적당한 것을 사면 되지요.

은행은 내 투자를
책임지지 않는다

부동산 투자자들에게 가장 힘든 점 두 가지를 꼽아보라면
아마 첫 번째로는 세입자가 구해지지 않을 때를 꼽을 테고,
두 번째는 대출에서 문제가 생겼을 때를 꼽을 겁니다.
저는 세입자 구하는 것에는 자신이 있어서 크게 어려움을
겪은 적은 없었는데요. 대출은 제 능력으로 해결할 수 있는 부분이
아니라서 고생한 적이 꽤 많습니다.
상가를 매수하기 위해 상가담보대출을 알아보던 때였는데요.
여러 은행을 살펴보다 정말 좋은 조건으로 대출이 가능하다는
이야기를 듣고 거리는 멀었지만 직접 해당 지점으로 찾아가 자필
서명을 하고 승인을 기다리기로 하였습니다. 당시 상담을 해준
담당자가 부지점장이었기 때문에 직급도 있어서 차질이
없겠거니 안심하고 있었어요.
그런데 잔금일을 일주일도 안 남겨놓은 상태에서 갑자기 대출이
어렵다고 연락이 왔어요. 정말 청천벽력 같은 소리였죠.
이유는 신용은 문제가 없지만 다른 대출건이 너무 많아 은행에서
진행이 어렵다는 거예요. 그래서 급하게 다른 은행을 알아보고
결국 대출한도가 적게 나와 비상사태를 대비해 가지고 있던
시드머니를 훨씬 많이 투입해야 했고, 금리도 썩 마음에 드는

갭 메우기도 단계가 있다: 주상복합아파트

조건이 아니었지만 어쩔 수 없이 진행했던 적이 있습니다.

제 입장에선 은행이 무책임하다고 느껴졌습니다. 이렇게 은행이 무책임하게 했던 사례가 몇 번 더 있어요. 담당자가 승인이 났다고 제게 안내를 했는데, 이사 날짜에 갑자기 대출이 안 나온 경우도 있습니다. 담당자가 실수로 잘못 안내한 것이죠.

고객 입장에선 미치고 팔짝 뛸 노릇인데 그렇다고 은행에서 책임을 지거나 하진 않아요. 잘잘못을 따지는 것도 쉽지 않고, 설령 은행이 잘못을 인정하더라도 당장 내가 입은 손해는 어쩔 도리가 없지요. 그래서 대출과 관련해서 은행과 얘기할 때는 한 번이고, 두 번이고, 세 번이고 정확하게 확답을 받고 증거를 남겨 두는 게 좋아요.

6장

규제에서 자유로운 수익형 부동산: 지식산업센터

　이번 장에서는 제가 수익형 부동산에 투자했던 경험담을 소개하려고 합니다. 저는 직업상 외근이 잦고, 장소를 가리지 않고 일해야 하는 상황에 자주 처합니다. 그래서 노트북도 휴대하고 다니지요. 그런데 코로나19 사태로 인해 공용장소에서 컴퓨터를 하지 못하게 되어서 임시로 사용할 사무실을 찾게 되었어요.

　신도시 인근에 사무실을 구하려고 부동산을 돌아보니 지식산업센터의 조그마한 사무실의 월세 시세가 60만 원 정도라고 하더라고요. 그럼 매매를 할 경우 평당 얼마냐고 물으니 평당 500~600만 원이었습니다. 매매가는 프리미엄을 포함하여 1억 원에서 1억 원 중반까지 가격대가 형성되어 있었습니다. 프리미엄 가격은 500만 원 정도였습니다.

투자 본능이 치솟은 저는 재빨리 계산해보기 시작했습니다. 임대료를 내는 게 이득일지, 매매로 취득한 뒤 대출이자를 내는 게 나을지 말이에요. 지식산업센터는 수익형 부동산이기 때문에 당시 일반 주택에 적용되는 DSR 규제에서 자유로웠어요. 대출을 받기에 어려움도 없었고 제 상황에서 90% 정도까지는 대출이 가능할 것으로 보였습니다. 또 부가세 환급도 건축물에 대해 10%가 환급되는 케이스였기 때문에 초기 투자금도 매우 적을 것으로 판단했어요.

그렇게 일사천리로 매수를 진행했습니다. 실질적으로 들어간 제 돈은 미미했습니다. 그래도 최소한의 리모델링은 해야겠지 싶어 셀프 리모델링 비용으로 300만 원이 들어갔고요. 이자로 지출되는 돈은 월 35만 원가량이었고 관리비가 10만 원 정도였기 때문에 월세로 사무실을 사용하는 것보다 훨씬 저렴하게 이용할 수 있었습니다.

저 혼자 쓰는 공간이기 때문에 마스크도 편하게 벗을 수 있고, 카페나 도서관 같은 공공시설보다 집중도 잘 되어서 만족스러웠습니다. 당구대도 가져다 두고 쉬는 날엔 당구도 치고, 제가 취미가 음악이다 보니 기타도 치면서 여가 시간을 보내기도 하였지요. 그렇게 3개월 정도 사용했습니다.

개인 사무실로 쓰기 위해 구입했던 지식산업센터

규제에서 자유로운 수익형 부동산: 지식산업센터

그런데 혼자서 이 넓은 공간을 쓰다 보니 조금 아깝다는 생각이 들었습니다. 제가 하루 종일 이곳에 있는 것도 아니고 죽어 있는 시간이 너무 많았습니다. 그래서 이 공간을 월세를 주기로 결정했습니다. 부동산에 찾아가 시세대로 보증금 1,000만 원에 월세 60만 원으로 내달라고 하려다 생각해보니 '왜 보증금이 1,000만 원이여야 하지? 2,000만 원이면 안 되나? 3,000만 원이면 안 되나?'라는 생각이 들었습니다.

임차인은 월세가 싸면 무조건 좋아한다
▼ ▼ ▼

바로 부동산 사장님을 찾아갔지요.

가붕개: 사장님 보증금 1,000만 원을 환산하면 월세 5만 원 맞죠?

사장님: 네.

가붕개: 그럼 월세를 싸게 맞추게 보증금 3,000만 원에 월세 40만 원으로 내주세요. 원래 50만 원을 받아야 하는데 그보다 더 싸게 40만 원으로 해주면 임차 맞출 수 있을 겁니다.

사장님: 네? 3,000만 원이면 안 들어오지 않을까요….

가붕개: 왜 안 들어와요. 매달 나가는 월세가 낮아지면
임차인이 유리할 수 있는 거 아닌가요?

사장님: 아니, 그렇긴 한데 여기서 한 번도 보증금을 1,000만 원
이상 받은 사례가 없어서요….

가붕개: 저 믿고 일단 한번 임차 구한다고 올려 보세요.

사장님: 그래도 은행 대출이 90%고 실제로 주인이 돈 넣은 게
10% 밖에 안 되는데 임차인 입장에서 보증금을 높게
잡기엔 불안하죠.

가붕개: 제가 살 때 드렸던 프리미엄이 500만 원인데 로열층은
프리미엄 얼마예요?

사장님: 로열층은 프리미엄 1,500만 원 정도에 거래된 건이
있었어요.

가붕개: 그럼 제 돈 10%에 오른 프리미엄 1,500만 원이라
치면 3,000만 원이 되잖아요. 임차인이 불안할 이유는
없을 것 같은데요? 그리고 저는 바닥도 깔고 조명도
설치하고 싱크대도 설치했고, 잠금 장치도 설치했고
옵션이 많잖아요. 월세가 저렴하면 들어올 사람
있을 것 같은데요?

부동산 사장님은 제 말을 듣고 너털웃음을 지으며 반신반
의했습니다.

규제에서 자유로운 수익형 부동산: 지식산업센터

어쨌든 사장님께선 제 말대로 매물을 올렸고 결국 한 달도 되지 않아서 보증금 3,000만 원에 월세 40만 원으로 임차를 맞출 수 있었습니다. 대출이자를 내더라도 돈 한 푼 없이 사무실을 사고 한 달에 5만 원 정도 남는 장사였어요. 임차인 입장에서도 보증금은 어차피 돌려받을 수 있고 다른 호실에 비해 월세가 20만 원이나 저렴했기 때문에 만족할 만한 계약이었습니다.

투자금을 재투자해서
파이프 라인을 2배로
▼ ▼ ▼

저는 여기서 한 단계 더 나아가기로 하였습니다. 보증금으로 생긴 3,000만 원으로 같은 건물 10층에 위치한 사무실을 하나 더 매매했어요. 여기는 따로 리모델링을 통해 보증금을 올리진 않았고 1,000만 원에 월세 60만 원으로 임차를 맞췄습니다. 이후 프리미엄이 4,000만 원 정도 붙으면서 안정적인 금액대로 올라갔지요.

여기서 끝이 아닙니다. 부가세가 환급되면서 2개를 합쳐 2,000만 원에 가까운 돈이 생겼습니다. 수익형 부동산의 경우 주택수에도 포함되지 않고 종부세에도 포함되지 않는다는 장점이 있지만 구입할 때 붙는 부가세 부담이 상당한데요. 지역에 따라 차이가 있지만 작게는 2%에서부터 많게는 10%에 달합니다. 결

이번 생에 건물주 한번 돼보고 죽을랍니다

지식산업센터 내 복층형 오피스텔 투자

규제에서 자유로운 수익형 부동산: 지식산업센터

론적으로 저는 돈을 거의 들이지 않고도 은행돈과 임차인 보증금으로 부동산 2개를 사서 100만 원이라는 파이프 라인을 형성했어요. 대출이자를 내고 나면 약 20~30만 원 가량의 돈이 남았지만 이게 어딘가요? 30만 원이면 연봉으로 치면 350만 원이 넘는 돈입니다. 그냥 몇 푼이지만 만약 고정금리로 가정한다면 저에겐 죽을 때까지 나오는 현금 파이프 라인인 것이죠. 시세 차익도 노릴 수 있고요.

생각보다 고생할 일이 많았던
지식산업센터
▼ ▼ ▼

처음엔 개인 사무실로 활용하려고 했던 지식산업센터 투자에 관심을 가지게 된 이유는 다주택자가 되면서 취득세, 보유세 부담이 큰 상황이었는데, 수익형 부동산은 규제에서 자유롭다는 점이었습니다. 실제로 상대적으로 적은 돈을 투자해 안정적인 파이프라인을 구축할 수 있었어요.

그런데 이게 저금리이던 시절에는 괜찮았는데 금리가 오르니 자본잠식이 되는 부분이 없지 않아 있었습니다. 제가 다주택자로 '포지션'을 잡은 이후 많은 물건들을 사들였는데요. 투자한 물건들을 정리하는 과정에서 지식산업센터를 매도하려고 했었는데 정리가 안 돼서 고생을 하긴 했어요. 월세를 계속 받는 상

이번 생에 건물주 한번 돼보고 죽을랍니다

황과는 별개였어요. 많진 않았지만 들어오는 돈보다 나가는 돈이 많아졌으니까요. 아무튼 그때 느꼈습니다. 수익형 부동산은 금리에 영향을 많이 받고 아파트보다 거래가 수월하지 않다는 걸요. 지식산업센터 투자 자체에 대해 후회를 하진 않아요. 고생도 많이 했지만 그만큼 배운 것도 많거든요. 덕분에 퇴근 후 열심히 배달 알바를 뛰었지요. 그 부분에 대해 다음 페이지에서 이어서 이야기하도록 할게요.

규제에서 자유로운 수익형 부동산: 지식산업센터

내 맘대로 일정을 관리하는
배달 알바의 매력

공격적으로 투자하는 저에게 부업은 필수인데요. 저 같은 경우 배달 알바로 부수입을 많이 벌었습니다. 제가 처음으로 배달 일을 한 것은 고등학생 때였습니다. 신문배달을 했었는데 그때 첫 월급으로 17만 원을 받았던 기억이 아직도 생생합니다.

학창 시절 때부터 배달 일을 했었고, 직장에 다니다가 주식 투자로 망한 뒤 빚을 갚기 위해 중국집 배달부로 일하기도 했었죠. 그래서 배달은 필요하면 언제든 할 수 있는, 제게 아주 친숙한 일이기도 합니다. 금리가 오르고 이자 부담도 커지고, 종부세 부담도 커지자 저는 수입을 늘리기 위해 다시 배달 일을 시작했습니다. 이미 다른 부업도 하고 있는 상황에서 추가로 배달 일에 뛰어든 것입니다.

커뮤니티에 제가 우스갯소리처럼 '쪼들려서 배달 알바하고 있어요'라고 가볍게 말해서 대수롭지 않게 생각하시는 분도 있었는데 전혀 아닙니다. 세상에 쉬운 일이 어디 있겠어요. 정말 힘듭니다. 몸뿐만이 아니라 마음도 힘들어요. 예의 바르신 분들도 많지만 배달부는 함부로 대해도 된다고 생각하는 사람들도 생각보다 많습니다. 아니라고 하지만 '짱깨'라느니 '딸배'라느니 배달 일을 하는 사람을 비하하는 용어가 만연한 것만 봐도 알 수 있지요. 그런데 배달 일을 폄하하는 사람이 잘못된 사람이지 배달 일이 잘못된 건 아니잖아요? 저는 '쿠팡이츠'와 '배달의 민족'을 번갈아서 하는데요.

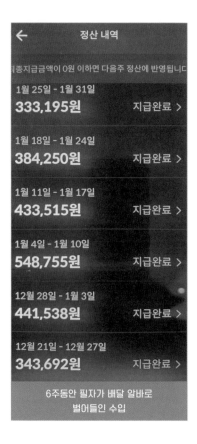

6주동안 필자가 배달 알바로
벌어들인 수입

위 내역은 제가 2022년 12월부터 2023년 1월까지 6주 동안 배달 알바를 통해 벌어들인 수익입니다. 주로 주말에 집중적으로 일을 했고, 주말에는 평균적으로 10만 원 내외를 벌었어요. 실제 제 손에 쥔 돈이 한 달 기준 약 200만 원이었지요. 퇴근하고 일을 했고 제가 일을 하는 양에 따라서 월 수입에는 차이가 있지만 대략 1년이면 2,400만 원이 넘는 돈인데 거의 중소기업 신입사원의 연봉에 해당하는 금액이지요.

저는 당장에 낼 이자가 중요한 게 아니라 스스로 마음을 다잡기 위해서 배달 알바를 뛰기도 해요. 열심히 살겠다는 제 다짐을 스스로 확인하는 시간이기도 하고, 변수에 대처할 수 있는 현금 유동성을 확보하기 위함이기도 하지요.

배달 알바의
3가지 장점

배달 알바를 하려면 배달 플랫폼에서 제공하는 교육을 일정 기간 동안 수료해야 한다는 조건이 있습니다. 특별히 대단한 기술이 필요한 일은 아니기 때문에 누구나 쉽게 수료할 수 있어요. 그리고 도보, 자전거, 오토바이, 자동차 등 이용할 이동수단을 설정하면 내가 원하는 시간에, 원하는 지역을 설정하여 배달 알바를

이번 생에 건물주 한번 돼보고 죽을랍니다

할 수 있지요.

쿠팡이츠는 '쿠팡파트너', 배달의민족은 '배민커넥트'라는
이름으로 운영 중에 있습니다. 다른 부업에 비해 배달 알바는
3가지 장점이 있습니다.

첫째, 내가 원하는 대로 일정을 관리할 수 있습니다.
퇴근하고 나서 할 수 있고, 또 몸이 안 좋거나 피곤한 날은
건너뛸 수 있어서 고정적인 알바보다 일정 관리를 자유롭게
할 수 있다는 점이 장점입니다.

둘째, 대금이 일주일 단위로 지급됩니다. 그 주에 일한 것은 그
주에 배달료가 지급되기 때문에 오늘 내가 일을 하면 얼마를 벌 수
있는지 가늠할 수 있어요. 집에서 넷플릭스를 보면서 뒹굴거리는
대신 얼마를 벌 수 있는지 직접적으로 체감이 되지요. 돈이 사라지고
있다고 생각되기에 빈둥거리는 마음을 다잡기 좋아요.

셋째, 덤으로 건강관리도 할 수 있습니다. 만약 쿠팡이츠에서
도보로 배달을 한다고 하면 짧게는 1km 거리, 멀게는 7km 정도
거리가 배정되는데요. 배달 한 건에 넉넉하게 30분 정도로 잡고
하루에 3건 정도를 한다고 하면 1만 5,000원 정도 되는 수입을 얻을
수 있습니다. 한 달이면 30~40만 원 가량의 부수입을 얻을 수 있어요.
돈을 주고 헬스클럽에 가서 운동할 수도 있지만, 이왕 저녁 시간에
운동을 하기로 결심했으면 도보나 자전거로 배달을 하면 어떨까요?
돈도 벌고 건강도 챙길 수 있으니 일석이조가 아닐까 합니다.

파이프 라인
100만 원의 힘

저 같은 경우 배달일이 저에게 익숙하고, 또 노동의 대가를 바로
받을 수 있다는 게 저의 자극제가 되었기 때문에 잘 맞았는데요.
저는 누구나 자신에게 맞는 'N잡'이 있다고 생각해요.
예를 들어 외국어를 전공한 사람이라면 번역으로 부수입을
창출할 수 있겠지요. 실제로 출판사 사람에게 들어보니 번역
교육을 수료하고 번역가로 데뷔하는 분들도 많다고 해요.
앞서 스마트 스토어 사례에서 말한 바 있지만 '이거 하면 돈 많이
번다'라는 말을 듣고 쫓아가봤자, 자신에게 맞지 않으면 무조건
실패라고 생각해요. 요즘 젊은 친구들은 IT 기기를 잘 다루고,
감각도 좋으니 더 많은 기회가 있을 거라고 생각합니다.
의지만 있다면 월 100만 원 정도의 추가 수입은 누구나
달성할 수 있다고 생각해요.
한 달에 100만 원이라는 돈이 크다면 크고, 적다면 적은 돈인데
연이율 5%대로 2억 원을 빌릴 수 있는 금액이기도 합니다.
다르게 말하면 월 100만 원은 2억 원이라는 돈을 투자금으로
융통할 수 있는 돈이란 뜻이죠. 알짜배기 부동산은 상승장에
많이 오르고 하락장에 조금 떨어지기 때문에 장기적으로 연 5%
이상의 수익도 불가능한 일은 아닙니다. 그래서 저는 부동산이

이번 생에 건물주 한번 돼보고 죽을랍니다

우상향한다는 믿음으로 적극적으로 '영끌' 투자에 나서고 있고요.
본인이 보수적인 투자 성향을 지녔다면 꼭 투자가 아니더라도
저축만 해도 괜찮지요. 한 달에 100만 원 저축이면 10년이면 1억
2,000만 원이라는 큰돈을 모을 수 있어요. 그렇게 모은 돈으로
개인사업의 자금으로 활용해도 되고, 나에게 주는 선물로
해외여행을 가도 좋고, 혹은 갈아타기를 위한 돈으로 사용해도
되겠지요. 물론 화폐가치의 하락을 생각하지 않는다면요.

규제에서 자유로운 수익형 부동산: 지식산업센터

3부

성공부터 후회까지, 영끌러의 자아성찰

1장

아무리 영끌이라도
현금은 들고 있자

저는 부동산 상승장의 혜택을 보기도 했지만, 공격적으로 투자하는 과정에서 뜻하지 않은 변수로 고생을 하기도 했는데요. 이 책의 마지막인 3부에서는 제가 나름 성공도 하고 때론 고생도 하면서 깨달은 것에 대해 말씀드리려 합니다. 저 같은 평범한 직장인에서 부동산 투자자로 나서려는 사람들에게 조금이라도 도움이 되었으면 하는 바람입니다.

저는 영끌 다주택자가 되었음에도 한창때는 대출로 지출되는 금액이 거의 없다시피 할 때도 있었습니다. 전월세로 물건을 돌려서 확보한 보증금과 매달 들어오는 월세가 있었기 때문에

이번 생에 건물주 한번 돼보고 죽을랍니다

큰 부담이 되지 않았어요.

그런데 2022년 들어 미국 연준이 금리를 올리기 시작하고, 한국도 따라서 금리를 올리면서 조금씩 부담이 되더라고요. 사실 금리가 이렇게까지 많이 오른다는 건 제 시나리오상에선 희박한 확률이었습니다만 어쩔 수 있나요. 버텨야지요.

투자를 계속 이어가고 있기 때문에 달마다 편차가 크지만 평균적으로 한 달에 300~400만 원 가량의 부족한 대출이자를 부담하고 있는 상황입니다. 웬만한 직장인들의 한 달 월급을 상회하는 수준의 이자를 갚고 있지요. 우선 말씀드릴 것이 종합적으로 보았을 때 제 부동산 투자는 성공적이라고 자평합니다. 저와 배우자의 수입과 부업으로 벌어들이는 돈을 생각하면 충분히 감당할 수 있는 수준이라고 생각하고요. 그리고 앞으로도 꾸준히 월수입을 늘려나갈 방법을 강구하고 있기 때문에 괜찮다고 생각해요.

제로금리에서
기준금리 3.5%로
▼ ▼ ▼

제가 본격적으로 투자에 뛰어들었을 때는 금리가 고작해야 1~2%대였습니다. 2020년 2월 1.25%였던 한국은행의 기준금리는 2020년 3월 들어서 0.75%가 되며 '제로 금리 시대'의 서막을

아무리 영끌이라도 현금은 들고 있자

알렸습니다. 이후 2020년 5월 0.5%까지 떨어진 뒤 2021년 8월 0.75%로 다시 오를 때까지 저금리 시대가 이어졌지요. 그러다가 2021년 11월 1%로 기준금리가 오르며 1년 8개월간 이어지던 제로 금리 시대가 막을 내렸습니다.

한번 오른 금리는 무섭게 치솟기 시작했어요. 2023년 1월 기준 3.5%까지 3배 이상 뛰었으니까요. 만약 현재 내가 매달 이자를 내야 하는 대출 원금이 4억 원이고 금리가 1%였다면 한달에 30~35만 원 가량의 이자만 내면 됩니다. 여기서 시장금리가 5%로 뛰면 한 달에 내야 하는 이자가 160만 원 가량으로 훌쩍 뛰게 됩니다.

금리가 얼마나 오르든 그만큼 부동산 가격이 상승하면 문제가 되지 않습니다. 저는 부동산 시장을 상당히 긍정적으로 보았어요. 부동산 시장의 핵심은 바로 공급량이죠. 충분한 물건이 공급되면 그만큼 전세를 받아줄 수 있는 물량이 많아지기 때문에 전세가격은 저렴해지는 것이 일반적입니다.

그런데 2010년대 입주물량이 꾸준히 늘어났다곤 하지만 당장 서울은 2022년 근 30년간 입주물량 최저를 기록했고, 인천은 2024년 이후부터 급감을 하는 상황이었습니다. 여기에 원자재 급등과 재건축, 재개발이 어려운 정책의 영향이 짧게는 5년, 길게는 10년 동안 영향을 미칠 가능성이 높다고 생각했지요. 이런 상황에서 저는 다음과 같은 상황이 벌어지리라 생각했어요.

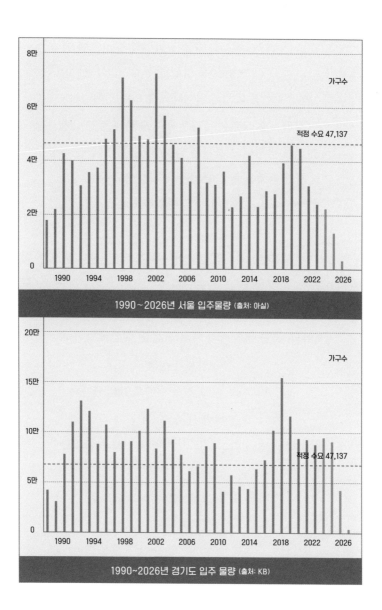

1990~2026년 서울 입주물량 (출처: 아실)

1990~2026년 경기도 입주 물량 (출처: KB)

아무리 영끌이라도 현금은 들고 있자

2022년 가붕개의 가정

- 분양은 깜깜한 상황

- 현금 가치가 녹아내리고 있는 상황

- 청약가점 모았더니 경쟁자가 수백만 명인 상황

- 청약에 당첨되고 보니 분양가격이 터무니없는 상황

- 집값 폭락한대서 안 샀는데 집값이 폭등한 상황

- 당장 살 집은 필요한 상황

그러면 실거주지가 필요한 사람들은 어떤 선택을 할까요. 저는 이러한 '희망 회로'를 돌렸습니다.

하나, 하급지로 이사 가서 전세를 새로 계약한다

→ 전세가 상승

둘, 하급지로 이사 가서 매매로 계약한다

→ 매매가 상승

셋, 살던 동네 빌라, 오피스텔이라도 전세로 들어간다

→ 전세가 상승

넷, 살던 동네 빌라, 오피스텔이라도 매매를 한다

→ 매매가 상승

이번 생에 건물주 한번 돼보고 죽을랍니다

리스크는 보수적으로,
투자는 지속적으로
▼ ▼ ▼

사실 2022년 들어 저의 예상 중 틀린 것은 집값이 2021년까지와는 달리 상승하지 않았다는 점 하나입니다. 여전히 분양은 깜깜한 상황이며, 청약에 당첨되어도 엄청난 분양가격과 높은 금리로 인해 입주가 어려운 상황입니다. 2023년 연초 '가스 요금 폭탄'을 받으신 분이 많을텐데요. 전년도 대비 2배 가까이 오른 가스 요금과 이미 인상한 전기세, 여기에 더해 대중교통비까지 인상이 검토되고 있지요. 과자부터 맥주까지 먹거리와 생필품도 오르지 않은 것이 없습니다. 현금 가치가 녹아내리는 것도 틀리지 않았어요.

예상은 크게 다르지 않았지만 결과는 조금 달랐습니다. 문제는 금리였어요. 저도 금리도 오를 수 있다고 생각했어요. 다만, 생각보다 너무 많이 오른 게 문제였습니다. 이로 인해 부동산 투자 여력이 축소되며 매수 심리가 생각보다 많이 꺾였다는 것이 저의 예상 밖 시나리오였습니다. 다행히 저는 현 상황을 버틸 만한 체력이 있기에 실책이라고까지 하긴 그렇지만, 이번 경험을 통해 '생각보다 리스크는 보수적으로 잡아야 한다'는 교훈을 얻을 수 있었어요. 아마 2022년 시장을 버티지 못해 시장에서 발을 떼신 분들도 있을 겁니다.

아무리 영끌이라도 현금은 들고 있자

금리가 과도하게 오르면 그만큼 경기가 위축되고 금융기관으로 돈이 쏠리기 때문에 미국도 언제까지 금리를 무한정 올릴 수만은 없다고 생각해요. 과거에 부동산이 조정되었던 원인을 잘못 진단하고 선택한 폐해는 비슷한 자산을 보유했던 사람들 사이의 엄청난 격차를 가져다주었습니다. 인구 감소와 경기침체로 인해 부동산은 끝났다는 이론이 크게 이슈화되었던 2010년경의 조정장을 거치면서도 수많은 사람들이 신도시 신축 아파트에 입주를 했었고, 2022년까지 크게는 3배 가까이 급등하면서 '벼락 거지'라는 신조어를 만들어내기도 하였습니다.

안타깝게도 이러한 일들은 시간이 지나면 잊히곤 합니다. 앞으로 부동산 가격이 조정되면 또다시 인구 소멸이라는 타이틀을 앞세워서 부동산은 끝났다는 이론이 힘을 받겠지요. 하지만 수요와 공급, 화폐가치의 하락, 그리고 가구수의 증가까지 모두 부동산에 영향을 끼친다는 자본주의의 근본 원리가 유지되는 한 '부동산 사이클'은 변함없는 루틴이 될 것입니다.

대출을 일으켜서 내 집 마련을 했으나 갑자기 금리가 올라갈 수도 있고, 집값이 떨어질 수도 있습니다. 어차피 자본주의 시스템은 장기 우상향인 것이라면 결국 어떻게 버티느냐가 중요한 문제가 됩니다.

저도 처음에는 대출을 최대한 받아서 소위 영끌을 해서 내 집 마련을 했습니다. 그때도 금리가 오르거나 집값이 떨어질 수

이번 생에 건물주 한번 돼보고 죽을랍니다

있다는 것을 알았지만 제가 자신 있게 도전할 수 있었던 이유는 바로 저희 부부의 소득이었습니다.

모아놓은 돈은 없지만 둘이서 받는 월급에 부업도 하고 있었기 때문에 이자와 원금 상환 능력은 있었습니다. 그리고 어차피 실거주를 목적으로 내 집 마련을 하는 것이기 때문에 부동산 가격이 올라가면 좋은 것이고 안 올라도 상관없었어요. 그때는 10년 동안 집값이 제대로 오르지 못했던 상황이었기에 떨어질 가능성을 매우 낮게 보기도 했습니다.

최근에 다주택자들에게 가장 큰 폭탄은 금리로 인한 임차 상황의 변화였는데요. 아무도 예상하지 못했던 코로나로 유통망이 무너지고 경기가 침체되나 싶었는데 각국이 엄청나게 돈을 풀면서 주식이며 부동산이 폭등했잖아요. 그런데 우크라이나와 러시아 전쟁, 거기에 미국이 인플레이션을 잡겠다며 급격히 금리를 인상하면서 현금 흐름이 원활하지 않는 사람들의 경우 더 이상 버티기 힘들어지기도 했습니다.

아무리 투자를 잘해도 예상하지 못한 리스크에 버티지 못하면 결국 손실을 보고 시장을 떠나게 됩니다. 위기에서 살아남은 사람들이 결국 큰 부를 이루게 되지요. 그래서 저는 일이 잘 안 되더라도 대안을 만들면서 투자를 이어나가고 있습니다. 제가 하고 있는 리스크 회피 방식은 매우 심플한데요.

아무리 영끌이라도 현금은 들고 있자

하나, 시세보다 싸게 사서 안전 마진을 확보한다.

둘, 경쟁자가 많이 개입된 투자는 피한다.

셋, 투자한 시가총액의 최소 10% 이상의 현금은 보유한다.

넷, 회사는 절대 그만두지 않는다.

다섯, 꾸준히 부업으로 추가 소득을 얻으려고 노력한다.

보유 부동산 시가총액의
10%는 현금으로
▼ ▼ ▼

여기서 중요한 것이 바로 현금 보유입니다. 보유 부동산 시가총액의 10%는 현금으로 보유해야 어느 정도 리스크에 대비할 수 있어요. 저도 처음에는 10%까지 현금을 보유하지는 않았습니다. 저희 부부의 소득이 적지 않았고, 투자도 잘 해나가고 있다고 생각했기에 씀씀이도 꽤 컸지요. 월세 수익이 대출이자를 압도적으로 넘어설 때는 차도 한 대 더 뽑고, 외식을 하거나 마트에서 갔을 때 가격표를 보지 않고 순풍순풍 돈을 쓸 정도로 자만하기도 했어요.

그런데 제가 예상했던 것보다 금리가 많이 오르면서 '아, 이러다간 큰일 나겠구나'라고 생각했어요. 그 뒤로 소비를 줄이고, 소고기 먹을 것 닭고기 먹고, 외식 대신에 집밥 먹으면서 '현금 유동성'을 확보했고 그 뒤로 안정적으로 투자를 이어가고 있습니다.

현금 보유도 중요하지만 급하게 대출을 활용해야 하는 경우가 생기면 활용해도 괜찮습니다. 만약 전세금을 돌려줘야 한다면 일시적으로 자금을 끌어와서 돌려주고 다시 전세를 맞추면서 상환할 수 있는 완충이 필요합니다. 물론 그러기 위해선 어떤 상황에서도 세입자를 맞출 수 있어야 겠지요.

그리고 강조하고 싶은 것이 부업입니다. 생각보다 부업으로 소득을 올릴 수 있는 방법은 많아요. 직업에 귀천은 없다고 생각합니다. 하다못해 쿠팡배송이나 대리운전이라도 하면 되죠. 아니면 지출을 줄이든지요. 저는 그런 각오와 용기로 시작한 투자이기 때문에 지금도 열심히 부업을 뛰고 있어요.

어차피 영원한 금리 인상도 없고, 영원한 상승과 하락도 없죠. 따라서 어떻게 버티고 유지하느냐가 결국 실력이라고 말할 수 있습니다.

2장

까딱하면 물리는,
피해야 할 부동산 투자

　　사람이란 본디 경험이 없을수록 여러 가지 위험한 유혹에
넘어갈 확률이 높습니다. 저 또한 초창기 모터 달고 임장을 다
니던 시절, 부동산이라면 종류를 가리지 않고 고개를 들이밀었
었습니다. 빌라, 재개발, 재건축, 오피스텔까지 가리지 않았지요.
그 과정에서 제가 '물린' 경험담을 비롯해 되도록 기피해야 하는
3가지 부동산 투자에 대해서 이야기해보려 합니다.

성공 가능성 17%
지역주택조합
▼ ▼ ▼

오래된 주택가를 돌아다니다 보면 현수막이 걸려 있는데요. 역세권을 반값에 분양한다고요. 보통은 지역주택조합 홍보입니다. 저도 한때 지역주택조합에 관심이 가서 열심히 알아보러 다니곤 했는데요. 알아보면 알아볼수록 문제가 많았습니다.

지역주택조합은 특정한 지역에 거주하는 주민들이 주택(대개 아파트)을 짓기 위해 업무대행사와 함께 조합을 설립한 뒤 사업시행의 주체가 되는 형태입니다. 일반적인 재개발, 재건축과 비슷해 보이지만 차이가 있습니다. 일단 사업절차가 상대적으로 간소해 사업이 빠르게 진행될 수 있고, 가장 큰 차이는 아무런 이해관계가 없는 사람들도 조합에 참여할 수 있다는 점입니다. 물론 원주민도 참여하지만요. 이해관계가 없는 남들이 주민을 설득하는 것에 가까워요. 바로 이러한 점 때문에 지역주택조합은 위험성이 큽니다.

지역주택조합사업을 진행하기 위해 제일 중요한 것은 바로 토지 확보입니다. 사업을 진행하려는 곳의 95% 이상의 토지를 확보해야 하는데요. 지역주택조합은 대부분 구도심의 오래된 주택단지에서 시행되기에 해당 지역에 오랫동안 거주해온 원주민들을 설득하기란 쉽지 않습니다. 아무런 이해관계가 없는 사람

까딱하면 물리는, 피해야 할 부동산 투자

들이 와서 재개발 하자며 집을 팔라고, 월급과 필요 경비 등을 지급하라는데 수락하기가 쉽지 않지요. 여건이 안 되거나 원하지 않는 사람들이 많습니다. 실제 2004~2021년까지 17년간 재개발에 성공한 사례가 전국 지역주택조합 중 17%에 불과하다는 통계도 있습니다.

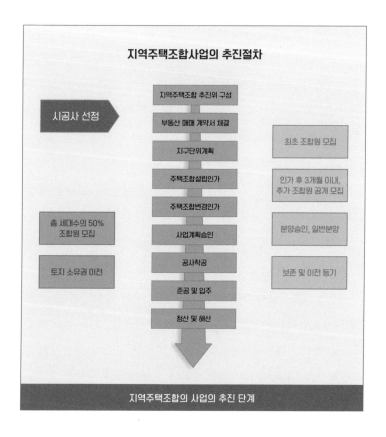

이번 생에 건물주 한번 돼보고 죽을랍니다

보통의 재개발, 재건축은 지역의 토지나 주택을 소유해야 조합원이 될 권한이 생기기 때문에 조합원들 사이에 공동의 목표를 달성하겠다는 의지가 강한 편입니다. 그럼에도 재개발, 재건축 과정에서 난항이 많잖아요. 심지어 시공사까지 선정이 완료되었는데도 조합원과 시공사 간에 의견이 맞지 않아 문제가 생기는 경우도 있습니다. 그래도 '새 집을 짓자'라는 목표는 같기 때문에 어떻게든 진행이 되곤 합니다.

반면 지역주택조합의 경우 토지 보상으로만 몇 년을 보내다가 사업 경비를 모두 탕진하고 부도가 나는 경우가 허다합니다. 토지 보상을 95% 이상 확보했다는 조합 홍보관의 이야기도 확인할 방법이 없습니다. 조합원으로 들어가면 탈퇴도 생각보다 쉽지 않기에 주의를 기울여야 하는 투자입니다.

신도시 상가분양은 신중하게 진입하자
▼ ▼ ▼

신도시 분양상가의 경우 분양 사무실에 가보면 멋있는 건물에 수많은 인파가 모여, 마치 내가 이용하던 백화점처럼 사람들이 상권을 이용할 것처럼 홍보하곤 합니다. 그런데 섣불리 분양 받았다가는 장기간 공실로 인해 손해를 볼 수 있습니다. 은행 이자는 이자대로 나오고 관리비까지 많게는 월 수백만 원씩

까딱하면 물리는, 피해야 할 부동산 투자

손실을 볼 수 있어요.

저 역시 신도시 분양상가에 혹해 투자를 한 적이 있는데요. 실제로 이 투자로 수익을 보던 시기도 있었지만 결론적으로 상권이 제대로 형성되지 않아 손해를 보고 말았습니다. 분양가격도 저렴하지 않았는데, 팔려고 해도 팔리지 않아 진퇴양난에 빠졌었지요.

저는 장기적으로 신도시가 조성되고 안정적으로 인프라가 구축되면 해당 지역의 상권이 활발해질 수 있을 거라 생각해요. 왜냐면 어쨌든 신도시로 유입되는 인구들이 있을 거기 때문에 그에 맞춰 상권도 형성될 테니까요. 그런데 분양 시점에, 어느 정도로 상권이 형성될지 불분명한 시점에 상가를 분양 받는 것은 리스크가 큽니다. 그 뒤로 저는 불확실한 상업시설 투자보다는 거주용 부동산에 집중하기로 결심했습니다.

분양 신축 빌라의
작은 갭에 유혹되지 말라
▼ ▼ ▼

신축 빌라는 신축이라는 이유로 주변 시세보다 전세금을 높게 받는데요. 자연히 갭이 줄어 실투자금이 적기 때문에 매력적인 투자처로 보입니다. 그런데 섣불리 신축 빌라를 샀다가는 2년 후에 전세금을 토해내야 하는 상황이 발생할 수도 있어요.

이번 생에 건물주 한번 돼보고 죽을랍니다

신축의 메리트가 사라지면 자연히 주변 시세에 맞춰 가격이 조정되기 때문이죠.

제가 빌라 투자를 많이 하고, 임장을 많이 다니면서 부동산 사장님들과 친해지면서 알게 된 사실이 있는데요. 신축 빌라는 시공 과정에서 어떤 문제가 있었으며, 건축물에 어떤 자재를 사용했는지 알기가 어렵습니다. 신축이라고 좋아하며 매수를 했는데 알고 보니 하자투성이 건물일 수도 있다는 말이지요. 그리고 소위 말하는 '기획 부동산'에 당할 수가 있습니다. 임차인에게 전세 이자를 지원해주면서 고가로 전세금을 세팅해 투자자를 유혹해 물량을 떠넘길 수도 있습니다.

싸고 좋은 물건이라고 현혹 돼서 투자하면 큰 손해를 볼 수 있습니다. 부동산에서나 분양 영업사원이 아무리 현란하게 설명해도 잘 판단해야 해요. 경험이 없는 분야일수록 많은 사례를 공부하고 확인하는 것이 중요해요.

그래서 전 앞서 2부에서 말했듯이 구축 빌라가 오히려 훨씬 안정적인 투자라고 생각해요. 매매와 전세 이력을 확인할 수 있고, 구축이기 때문에 오히려 미래의 프리미엄을 노려볼 수 있는 여지도 있으니까요.

까딱하면 물리는, 피해야 할 부동산 투자

3장

가장 잘한 투자,
가장 실수한 투자

저는 스스로의 투자에 대해 자평하는 시간을 갖곤 하는데요. 수십 채의 부동산 거래에서 가장 잘한 투자는 유동성 장이 오기 전에 상급지로 갈아탔던 투자입니다. 투자할 물건보다 시장의 흐름을 중시하는 저의 투자 기조가 성공적으로 맞아떨어졌던 사례이지요.

부동산 시장은 단기적으로 호재와 악재로 인해 가격 변동이 오기도 하지만 그보다 더 큰 사이클이 존재합니다. 그 사이클은 정권 교체로 인한 기조 변화라는 내부요인일 수도 있고, 미국 연준의 정책과 같은 외부요인일 수도 있습니다. 그리고 코

이번 생에 건물주 한번 돼보고 죽을랍니다

로나19와 같은 전염병 사태나 전쟁, 지진과 같은 천재지변일 수도 있겠죠.

정권 교체는 예측이 불가능한 영역이지만, 교체가 확정되고 나서는 앞으로 정책이 어떻게 펼쳐질 것인가를 과거의 역사를 통해 예상할 수 있습니다. 저는 2017년 최저임금 인상과 복지 등 유동성 공급에 무게를 두고 있는 정부가 출범했기 때문에 앞으로 부동산의 급격한 전환을 예상했습니다. 지난 참여정부 시절의 이력이 좋은 근거가 되었지요.

갈아타기를 했던 2019년은 정부에서 강력한 규제를 발표하고 9,510세대에 달하는 서울 송파구 헬리오시티가 대규모로 입주하고 있던 시점이라 경쟁에 의해 가격은 떨어지고 그 주변 지역들까지 부동산 분위기가 좋지 않았습니다.

제가 매입한 부동산의 경우 매도자가 집을 내놓은 지 6개월 정도가 지날 때까지 아무도 집을 보러 오지 않았다고 했습니다. 중개를 담당하던 부동산에서 '임자가 나타났을 때 계약금을 받으라'고 권유를 해서 집주인이 회식 중에 별 생각 없이 계좌번호를 줬다고 했어요. 저는 가계약금을 보내면서 계약의 조건을 구체적으로, 날짜와 금액을 명시해서 문자를 보냈고 그렇게 거래를 한다는 답변과 함께 계좌번호를 문자로 받았습니다.

이후 본 계약을 며칠 앞두고 집주인이 매물을 거둬들이겠다고 연락해 왔어요. 아무래도 시장이 다시 상승장 흐름을 타고

205

있다는 걸 알아차렸기 때문이겠지요. 가계약금을 배액배상하겠다고 했는데 저는 이미 구체적인 계약조건이 있는 이상 본계약금을 배액배상해야 한다는 판례를 근거로 삼아 결국 최종 계약을 성사시켰습니다. 그렇게 매입한 갈아타기는 2~3년 만에 매매가가 2배 이상 상승했습니다.

> "매매 과정에서 유리한 고지를 어떻게 선점할지
> 고민하는 게 이처럼 정말 중요합니다."

반면 실수한 투자는 분양권 투자입니다. 시장 상황이 좋을 때 분양권은 엄청난 경쟁률을 기록합니다. 그리고 전매조건이 없는 경우에는 당첨되고 나서도 바로 프리미엄이 붙기도 합니다. 저는 신도시 구분상가도 인플레이션에 의해 올라갈 것을 기대하고 분양권을 구매했지만 결과는 기대와 반대로 흘러갔습니다.

상가는 투자원금 대비 수익률로 매매가를 결정하는데, 준공되고 월세를 230만 원에 어렵게 맞춰놨는데 이후 엄청난 속도로 금리가 인상되면서 담보대출 이자도 급격히 올라갔습니다. 그러니까 월세는 230만 원인데 이자는 370만 원이 넘어가서 이 상가를 가지고 있을수록 손해를 보는 구조로 바뀐 것이죠.

더 문제는 수익률이 나오지 않아서 이 상가를 팔면 분양가보다 훨씬 낮은 금액으로 팔아야 하고, 또 금리가 언제, 얼마까지 오를지 아무도 모르는 상태에서 매수하려는 사람은 찾을 수가 없었습니다.

몇 년 후의 금리라는 것은 아무도 예측할 수 없는 영역이며, 몇 번 운 좋게 흐름을 잘 탈 수는 있지만 이것은 절대 좋은 투자는 아니라고 생각했습니다.

물론 이런 상가에서 수익을 내는 사람들이 존재합니다. 또 금리와 상관없이 현금으로 투자해 월세 수익을 기대하는 사람들은 전혀 타격을 받지 않겠죠. 그런데 저의 경우 투자를 통해서 충분한 자본금을 모으기 전까지는 차익형 부동산에 집중했어야 했는데 몇 번의 투자가 너무 성공적이었다 보니 이것이 나의 실력인 줄 착각하고 덤빈 것이 실패로 돌아온 것입니다. 이것은 저의 경험 부족으로 인한 실책이라고 생각합니다. 유동성 장이 기회라고 생각하고 잘 모르는 분야에서 무리하게 투자해서는 안 된다는 것을 경험하면서 큰 공부를 한 것 같습니다.

금리 인상기와 인하기를 이용한 투자 타이밍 잡기

▼ ▼ ▼

제가 수십 채의 부동산을 투자하면서 겪은 성공과 후회 사례를 한 줄로 요약하면 이렇습니다.

"부동산은 결국 흐름이다."

갭투자에서는 전세가율이 가장 중요합니다. 전세가율이 올라가는 시기와 떨어지는 시기는 공급과 수요 영향이 크지만 금리 인상기와 하락기에도 나타나요.

사람은 항상 유리한 방향으로 수요가 이동하는데요. 금리가 인상하면 전세자금 대출 이자율이 올라가고 월세는 상대적으로 느리게 반영되다 보니 대출이자가 월세보다 비싸지는 현상이 발생합니다. 당연히 사람들은 전세대출에서 월세로 갈아탑니다. 그러나 이것은 일시적인 현상일 뿐 다시 월세는 금리보다 높아지기 마련이죠. 이유는 임대인들은 월세가 은행 이자보다 저렴하면 차라리 전세를 받아서 은행에 넣는 게 유리하기 때문입니다.

그래서 일시적으로 전세가격이 조정을 받고 월세가 높아지는 타이밍에는 갭투자를 하면 전세가 잘 맞춰지지도 않을뿐더러 투자금도 많이 들어가게 됩니다.

금리가 인하하면 반대로 월세보다 전세자금 대출이자가 저렴해지기 때문에 수요는 전세로 이동하게 됩니다. 금리 인상으로 인해 주택가격은 조정받고, 매매가보다 상대적으로 빠르게 반영되는 전세가격은 올라가는 2가지 타이밍이 동시에 나타날 때 투자 가성비가 극대화 됩니다.

예를 들어 설명 드리겠습니다. 10억 원짜리 집의 전세가격이 6억 원이라고 가정했을 때 전세대출 이자를 계산해 볼게요. 대출금이 5억 원에 금리가 3%라면 매달 125만 원의 주거비(이자)가 발생합니다. 금리가 높아져서 6%의 금리를 적용하면 매달 250만 원으로 2배가 넘는 주거비가 발생합니다.

그래서 사람들은 6~7%에 달하는 전세대출을 받지 않고 이자로 치면 4~5% 수준인 월세로 수요가 이동합니다. 여기서 만약 금리가 6%에서 3%대로 다시 내려가게 되면 어떻게 될까요? 월세로 납입했던 수요는 만약 전세로 갈아탈 시 50만 원 정도 저렴한 거주가 가능하다면 월세를 빼서 다시 전세자금 대출을 받는 방향으로 움직이게 되겠죠. 대략 200만 원의 주거비를 전세대출 3%로 환산하면 전세가격은 8억 원이 됩니다.

그러니까 전세가격 액면가가 중요한 게 아니라 실제로 내가 주거비로 얼마를 지출하는지가 더 중요하다는 이야기입니다. 추가 공급이 부족할 경우 전세가격 액면가가 높을 때를 노려서 투자 타이밍으로 잡으면 최소한의 투자금으로 전세 레버리지를 활용해서 투자가 가능하다는 것이죠.

그럼 250만 원에서 다시 125만 원으로 내려가야 하는 것이 아니냐고 반문할 수 있지만 통화량 증가에 의해 화폐가치가 하락되고 가격의 하방지지선은 꾸준히 올라가고 있으며, 추가공급이 없는 이상 기존 주택의 희소성도 올라가기 때문에 다시 이전

가격으로 회복할 수가 없습니다. 또 기존 250만 원에 적응하기도 합니다. 자본주의 시장 시스템에서는 자산가격은 상승과 하락을 반복하면서 꾸준히 저점을 높여가고 있습니다.

매매시장은 하락에 대한 공포로 얼어붙어 있을 때 급매나 경매로 할인해서 매입 후, 잔금일을 최대한 늦춘 후 전세가격을 최대한 높게 세팅하면 소액으로도 아파트 투자가 가능합니다. 금리가 언제 얼마나 오르고 내릴지 모르지만 경기과열로 버블이 터지거나 경기침체, 특수한 위기상황을 기점으로 급격한 상승과 하락이 만들어집니다. 코로나19 팬데믹 상황에서 제로 금리까지 가기도 했고, 국제 금융위기, IMF와 같이 어떠한 위기의 순간은 많은 변화를 가져옵니다. 아마도 지금과 같이 물가상승과 경기침체, 그리고 금리 인상을 급격하게 하다 보면 문제가되는 시점에서 미국은 급격하게 금리를 내릴 가능성이 있다고 개인적으로 생각합니다.

이러한 시점이 온다면 그동안 모아놨던 시드머니로 매매를 할 수 있는 용기가 있어야 합니다. 저도 코로나19 팬데믹 순간에 금리가 제로 수준까지 내려가서 여러 기회를 잡았습니다. 당시 코로나19에 대한 공포로 아무도 돌아다니지 않을 때 저는 여러 채 구매했어요. 매도하는 사람도 겁에 질려서 집값이 더 떨어질까 봐 얼른 깎아서 팔더군요. 덕분에 저는 이득을 봤지만요. 사고팔고 하기보다 좋은 기회에 한두 번 거래하는 것이 효율적일

이번 생에 건물주 한번 돼보고 죽을랍니다

수도 있습니다.

그런데 말이 쉽지 막상 하락기가 오면 진입하기가 매우 어렵습니다. 몇 달 만에 몇억 원이 떨어졌다는 뉴스를 보니 웬만한 담력으로는 접근하기 어렵지요. 부동산을 샀다가 떨어지면 몇천만 원에서 수억 원까지 손실을 볼 테니까요. 반대로 상승기에는 마음이 급해지죠. 또 사려고 문의를 해보면 매도자가 마음을 바꿨다는 답변까지 듣게 됩니다. 그래서 상승기에 추격매수를 하다가 물리게 되는 것이죠.

하락기에선 전세로 수요가 몰리고 갭이 줄어들게 되겠지요. 매매가보다 전세가가 더 높을 순 없기 때문에 결국 저점이 형성되고 매수 수요가 생기기 마련입니다.

다시 시장이 상승흐름을 타게 되면 사람들이 전월세에서 내 집 마련으로 선회하는 분위기가 만들어지고 매매가격은 올라가겠죠. 또 투자로 사놓으려는 사람들로 인해 매매가격은 올라가고 그 사람들이 집을 사서 전월세를 놓기 때문에 전월세 물량이 많아지면서 가격은 내려갈 거고요. 바로 이 시기가 매매차익을 볼 수 있는 구간입니다. 그러나 저는 이러한 구간에서 차익을 보진 않습니다. 왜냐면 언제까지 올라갈지 언제까지 떨어질지를 모르기 때문입니다.

그래서 매매가격 상승기와 하락기를 모두 기회로 보는 것입니다. 저는 하락기에 오히려 전월세 현금흐름이 늘어나서 일

가장 잘한 투자, 가장 실수한 투자

부를 투자금으로 활용하거나 레버리지로 활용했던 대출을 일부 정리합니다. 그렇게 단기적으로 저점매수 고점매도의 개념으로 보지 않고 적당히 가격이 내려오면 내가 감당할 수 있는 물건을 사서 늘려나가면 됩니다.

3가지 레버리지와 리스크 관리
▼ ▼ ▼

성공과 실패를 가르는 또 다른 요소는 '레버리지' 관리입니다. 저는 부동산 투자의 핵심은 차익 실현도 있지만 궁극적으로 '모아나가는 것'이라고 생각을 하는데요. 그래서 매도가 잘 안 되는 것은 크게 고민하지 않았어요. 어차피 어떻게든 세입자는 구할 수 있다는 자신이 있었고, 장기적으로 부동산의 가치는 올라갈 것이니까요. 핵심은 레버리지 관리였습니다. 부동산 투자에서의 레버리지는 크게 3가지로 나눌 수 있습니다.

① 전세금
② 은행대출
③ 시간

그런데 레버리지를 활용하여 주택을 매수했는데 매매가격

이번 생에 건물주 한번 돼보고 죽을랍니다

과 전월세 가격이 오르면 다행이지만 매매가격이 떨어지거나 전월세 가격이 떨어지면 투자한 원금보다 훨씬 더 큰 손실을 보게 되므로 양날의 칼과 같습니다.

저는 부동산을 매입할 때는 확실히 저렴하다고 생각하는 물건을 더 깎아서 사고 전세 레버리지는 최대한 활용합니다. 여기서 확실히 저렴하다고 생각하는 물건은 어떤 것이냐면 그 주변 시세를 리드하고 있는 '대장 아파트'의 가격이 확실하게 올랐다면 아직 시세가 반영되지 않은 그 주변 매물이 저렴하다고 평가하는 방식입니다.

이것이 제 매매 방식의 핵심입니다. 그리고 시간 레버리지를 활용하여 확실하게 가격이 오르지 않은 이상 매우 장기간 묻어두는 "안 팔기 전략"을 사용하고 있습니다.

부동산은 파는 게 아니라 모으는 것이다

▼ ▼ ▼

안 팔기 전략을 쓰는 이유는 부동산이 오를지 내릴지를 맞추는 것은 어느 정도 가능하지만 대외변수를 예측하는 것은 불가능에 가깝다는 것을 알기 때문입니다. 최근에도 미국에서 금리를 24년도까지 올리지 않겠다고 선언했다가 한 번에 자이언트 스텝(0.75%)으로 수차례 올리면서 많은 투자자들에게 충격

가장 잘한 투자, 가장 실수한 투자

을 주고 있습니다. 러시아에서 전쟁이 날지 예측한 전문가도 없었습니다.

어차피 시장은 장기우상향이고 오르고 내리는 것을 반복합니다. 단타를 치고 빠지기 힘든 투자종목이기 때문에 장기 보유를 하면서 리스크 관리를 해나가는 것이 더 확실하고 안전하다고 생각합니다. 투자에 정답은 없지만 법인을 이용해서 단기로 사고파는 사람들의 수익률보다 10년 이상 장기보유한 사람의 수익률이 더 높다는 우스갯 소리도 있죠.

시간 레버리지를 쓰는 방법은 간단합니다. 25~30년차 아파트나 빌라의 경우 신축 프리미엄과 재건축 프리미엄이 없는 실사용가치로 평가되는 부동산을 사서 장기간 보유하면 결국 재건축, 재개발 프리미엄이 붙을 것을 예상하고 투자하는 것이죠. 사용가치가 높기 때문에 전세금 레버리지를 높게 받을 수 있습니다.

만약 30세 투자자가 5억 원짜리 집을 투자금 5,000만 원과 전세 4억 5,000만 원으로 세팅하여 20년 넘게 보유했다고 가정해보면, 20년 후에 매매가격은 물가상승과 재건축 프리미엄이 붙어서 성공한 투자가 될 확률이 매우 높겠죠. 그래서 저는 젊음이 가장 큰 자산이라고 생각해요.

4장

부동산은 불로소득이 아니다, 영끌 임대인으로 살아남기

우리나라 부동산 가격이 워낙 비싸다 보니, 임대인을 '악마'로 보는 시선이 없지 않아 있는데요. 악덕 임대업자도 있지만 사실 임대업자라고 마음 편한 건 아니에요. 임대인의 역할 수행도 잘 해야 하지요. 저는 작은 빌라 한 채라도, 임대인이라면 건물주와 같은 마음으로 집을 관리하고 세입자를 대해야 한다고 생각해요. 그런 것이 결국 내 자산의 차별화 지점이 되고 가치를 높여주는 지점이 된다고 생각하거든요. 그렇지 않으면 서비스 제공업자로서 소비자들인 세입자들에게 외면 받는다고 생각하거든요.

최근 역전세 현상이 일어나면서 '세입자 모시기'가 화제로 떠오르기도 했지만, 저는 예전부터 세입자를 고객처럼 생각하고 최선을 다해 도왔습니다. 단, 세입자로서의 권리를 넘어서 과도한 요구를 하는 사람에 대해선 칼같이 잘라야 하지만요.

　　지나고 보니까 열심히 성실하게 살고 사람과의 인연을 중요하게 생각할수록 저에게 돌아오는 기회는 많아진 것 같아요. 그래서 저는 지금도 부동산 투자 과정에 있는 모든 인연을 중요하게 생각하고 있습니다. 그리고 그분들도 제가 그렇게 생각하고 있는 것을 아는지, 투자에서 복잡하고 어려움이 있을 때 진심으로 조언도 해주시고 좋은 물건도 먼저 소개해주시는 사장님들이 있습니다. 임차인과의 관계도 마찬가지입니다. 계약 때부터 최대한 요청사항을 맞춰드리고자 애를 쓰고, 거주하시는 동안에도 불편하시지 않도록 신경을 썼더니 임차인께서도 집을 소중히 쓰시고, 역전세 상황에서도 재계약을 해주시는 분도 있었습니다.

　　임대인의 역할은 지금까지 제대로 조명받은 적이 없습니다. 오히려 상승장 동안 시세 변동이 커서 임대인들이 노동을 하지 않고 돈을 버는 나쁜 부류의 사람들로 인식되기도 했습니다. 임대인은 렌트를 해주는 주인이고 임차인은 부동산 상품을 빌려 쓰는 고객일 뿐입니다. 서비스 제공자로서 임대인도 나름의 리스크를 가지고 있고, 임차인도 고객으로서 누리는 혜택이

이번 생에 건물주 한번 돼보고 죽을랍니다

분명히 있습니다.

부동산 투자도 사업의 일종이기 때문에, 자기자본을 투입하고 이외의 대출이나 임차인의 보증금 등 최소 몇억 원의 자금을 관리하면서 생기는 리스크에도 책임을 져야 합니다. 그래서 처음부터 역전세가 나지 않고 하자로 고생시키지 않는 부동산을 선별하는 게 중요해요. 보일러가 고장 나거나 누수라도 발생하면 이리저리 고생도 하게 됩니다.

상가와 같은 수익형 부동산도 월세가 꼬박꼬박 들어오는 것만 봐선 장점만 보이지만, 만약 대출금리가 올라 이자가 높아져서 손실이 생기거나 공실이 생겨도 임대인의 책임이며 임차인이 사업이 잘 안돼서 월세를 납입 못해도 임대인은 고통을 버텨야만 합니다. 잘 모르고 투자했다가는 손실만 보고 고생은 고생대로 하게 됩니다. 저도 이런 일을 몇 번 겪었지요.

노후시설 관리 비용을 반드시 고려하라

▼ ▼ ▼

2022년 여름, 비가 많이 내리면서 임차인들로부터 누수 관련 민원이 3건이 들어왔습니다. 한 건은 임차인과 소통이 잘 되어서, 누수 지점을 수리해주고 마무리했습니다. 그러나 다른 2건은 저를 아주 힘들게 만들었습니다.

부동산은 불로소득이 아니다, 영끌 임대인으로 살아남기

임대 중인 주택의 배관 누수 민원을 해결했던 사례들

이번 생에 건물주 한번 돼보고 죽을랍니다

임차인과 방수공사 업체와 약속 시간 문제로 분쟁이 나서 조금 격하게 싸움이 났습니다. 공사는 시작도 못하고 방문한 수리업체와 싸우기만 하는 일이 몇 차례 반복되었습니다. 저는 공사를 하지 않았으니 계약금을 돌려달라고 했다가 방수공사 업체에게 심한 욕설도 들었습니다.

또 한번은 보유 중인 주택의 옆집과 공용으로 쓰는 배관이 터져서 제가 모두 수리하는 일도 있었지요. 배관이 터진 자리가 옆집 위치고, 배관은 저희 집 것이었습니다. 옆집 주인과 마주한 자리에서 저는 난방에 의한 결로도 원인이라고 주장했지만, 옆집 주인은 집안이 물바다가 된 것에 대한 손해배상까지 청구한다고 윽박질렀습니다. 공용주택이니 잘 조율해서 협의를 보고 싶었지만 돈이 걸린 문제에서는 다들 자신에게 유리한 주장만 내세우더라고요.

본디 누수란 것이 책임 소재를 따지기도 어렵습니다. 그나마 원인을 찾으면 합의의 여지라도 있지만 이웃이 누수탐지에 협조를 제대로 해주지 않거나 누수 지점을 찾아내지 못하기라도 한다면 문제는 더 복잡해집니다.

저는 그래서 주택투자를 할 때 이자비용 외에도 해당 주택의 수리 비용도 장기적인 지출항목이나 예비자금 항목으로 산정합니다. 갭이 크게 벌어진 신축 아파트를 투자하는 부동산 투자자는 거의 없죠. 대부분 구축이나 빌라입니다. 내부 시설은 시

부동산은 불로소득이 아니다, 영끌 임대인으로 살아남기

간이 지나면 노후되는 게 당연하고, 언제 어떻게 고장 이슈가 발생할지 모릅니다. 이 점을 미리 고려하지 않으면 뜻하지 않은 지출이 생겼을 때 생각보다 크게 고생할 수도 있습니다. 사실 영끌 투자자들 입장에서 이런 비용이 아까울 수 있겠지만 투자에선 얼마나 리스크를 잘 관리하는지가 중요하잖아요.

계약금을 돌려달라니? 때로는 손해봐도 된다
▼ ▼ ▼

계약이라는 것이 임대인과 임차인의 조건이 서로 맞아떨어져야 성사가 되지요. 주로 전세 세입자를 받는 저의 경우, 투자 후 첫 세입자를 받을 때는 시간이 곧 돈이므로 되도록 임차인의 요구를 맞춰주려고 노력합니다.

한번은 임차하기로 계약을 맺은 분이 신용상의 문제로 만약 대출이 안 나오면 10%의 계약금을 돌려줄 수 있냐고 하여 그렇게 해드리겠다고 했습니다. 제가 좋은 마음으로 조건을 맞춰주겠다고 말씀드렸고, 별일이야 있겠거니 기다렸지만 잔금날이 2주도 채 남지 않아서 대출이 나오지 않는다며 계약금을 돌려달라는 연락을 받았습니다.

사실 임차인이 은행 대출을 신청하면 은행에서 임대인에게 와서 신분을 확인하고 서명까지 하거든요. 결국 대출이 안

이번 생에 건물주 한번 돼보고 죽을랍니다

옥상 누수 문제로 셀프로 방수 공사를 했던 사례

부동산은 불로소득이 아니다, 영끌 임대인으로 살아남기

나와서가 아니라 단순 변심으로 인한 계약 파기였습니다. 그러나 저는 모른척하고 계약금을 돌려 드렸어요.

사실 저도 임차인의 불안한 마음을 알고 있습니다. 매매 금액과 전세 금액이 근접해 있는 계약이었기 때문입니다. 입장 바꿔 내가 임차인이었어도 내 보증금이 불안했을 것을 이해했기에 흔쾌히 제게 불리한 조건을 수락했던 것이죠. 결국 저는 계약금을 돌려주고 제 자금을 융통하여 등기를 진행했습니다. 매매와 전세를 동시에 진행하는 물건이었거든요. 그리고 공실상태로 등기를 친 이후에 전등, 수전, 손잡이, 도배 등 수리를 해서 보증금을 더 올려서 다시 전세를 맞췄습니다.

한번은 여러 곳의 부동산에 전세 매물을 내놓은 적이 있습니다. 그러다 어느 부동산에서 임차인을 구해서 가계약금을 받았다며 날짜를 정해서 본계약서를 쓰자고 연락이 왔어요. 그런데 계약 전날 갑자기 전화가 와서, 왜 다른 부동산에는 더 싸게 내놨으면서 자기는 더 비싸게 계약을 하느냐고 막 따졌어요.

사정은 이러했습니다. 이전에 전세금을 조금 저렴하게 조정해주면 자신이 매매와 전세를 동시에 진행할 수 있도록 날짜도 맞춰주고 협조해 주겠다고 말씀하신 분과 가계약을 했던 적이 있었어요. 그런데 그 계약이 진행되지 않아 저는 결국 자금을 마련해서 등기를 치고 전세를 다시 놓는 상황이었지요. 그

이번 생에 건물주 한번 돼보고 죽을랍니다

래서 화를 내시는 분에게 '이런저런 사정으로 금융비용 등을 고려해 전세금을 조금 올려서 다시 내놓았던 것이고, 그 조건으로 부동산에서 소개받아 진행하시는 건이다'라고 설명 드렸습니다.

어차피 등기도 쳤고, 이제 날짜 상관없이 급하게 전세를 빼지 않아도 되는 상황이니 혹시 안 하실 거면 가계약금을 되돌려 드리겠다고 강하게 나갔습니다. 결국 아주 소액의 비용만 깎아주는 것으로 합의하고 계약을 진행했지요.

자금이 없는 상태에서 등기와 전세입주를 동시에 진행하는 경우 투자자인 임대인이 불안한 요소가 더 많습니다. 그래서 임차인들도 갑의 위치에 서려고 하는 경향이 있고 임대인은 임차인의 조건을 최대한 맞춰주려고 하지요. 그래서인가 내가 돈을 주고 살아주는 것이라고 생각하는 분들이 있습니다.

특정한 경우를 제외하곤 임대인이 마냥 불로소득을 얻는 경우는 생각보다 드뭅니다. 자본주의 논리 안에서 자연스럽게 형성된 판매자와 구매자일 뿐 임대인도 임차인도 모두 나름의 고충이 있는 것이죠. 때로는 임대인일지라도 '을'도 기꺼이 되겠다는 마음도 먹는다면 투자를 해나가기 한결 편해지지 않을까 싶습니다.

부동산은 불로소득이 아니다, 영끌 임대인으로 살아남기

등기는
내 직원이다
▼ ▼ ▼

지금까지 저의 고군분투 투자기를 소개했는데요. 저는 등기를 제 직원이라고 생각해요. 처음에는 연봉이 낮은 직원부터 뽑았어요. 왜냐면 스타트업이기 때문이죠. 지금은 직원을 늘렸는데 그중 일 잘하는 직원도 있고 못하는 직원도 있습니다. 나이 어린 직원도 있고, 나이 많은 직원도 있습니다. 고생시키는 직원들 때문에 머리 아플 때도 있고요.

하지만 직원들이 제가 자는 동안, 밥 먹는 동안에도 저를 위해 열심히 일하고 있습니다. 매달 월세를 벌어주는 직원도 있고 재개발 프로젝트를 따오는 직원도 있습니다. 매출 많이 나올 때도 있고 적게 나올 때도 있고, 때로는 적자가 날 때도 있겠죠. 경기가 안 좋을 땐 직원을 해고하고 싶지만 믿어주고 버텨야 하고 또 신규 채용하기 부담되지만 능력 있는 직원을 뽑을 수 있죠. 반대로 경기가 좋으면 능력에 비해 비싼 연봉을 주고 사람을 뽑아야 합니다. 사장이라면 책임감을 가지고 내가 직접 뽑은 직원들 자르지 않고 잘 키워서 일을 시켜야 합니다.

저는 처음부터 중견기업을 꿈꾸진 않았습니다. 처음에는 알바 먼저 뽑아서 간이과세 먼저 하다가 일 좀 돌아가고 매출 좀 올라오면 일반사업자로 전환하고 나중에는 법인으로 가야죠. 납세도 열심히 하고요. 이런 게 부동산 투자인 것 같습니다. 어차피 대도시 서울 인근 부동산은 장기 우상향 할 수밖에 없으니 직원들 믿고 쭉 가야죠.

처음부터 무리하게 업계 잘나가는 직원을 억대 연봉 주고 뽑았다가는 골로 간다고 봐요. 투자도 관리능력과 사업 경험이 어느 정도 있어야 유지가 됩니다. 레벨1인 투자자가 부자가 되겠다고 무리한 투자했다가는 부도가 날 테니까요. 부도는 아니지만 실제로 저 역시 자만해서 실수를 하기도 했고요.

그래서 저는 '1등기 1공부'를 병행하면서 조금씩 자산을 늘려가고 있습니다. 먼 미래에 직원들 잘 크면 나중에 졸업시키면서 분점을 내줘야겠지요. 그게 매도시점일것 같아요. 뭐, 직원들이 뒤통수치고 배신을 하더라도 저는 사장이니 감수해야죠. 사업을 하는 데 그만한 리스크가 따르는 건 당연하지 않겠어요? 평범한 월급쟁이로 만족할지, '직원'을 부리는 사장이 되어서 나만의 사업을 키워갈지 정답은 없다고 생각합니다. 하지만 각각의 선택에 따르는 혜택과 리스크가 있다고 생각해요. 저는 기꺼이 리스크를 감당하기로 했고, 그 혜택도 당당히 받기로 했습니다. 모쪼록 모든 분들의 투자에 빛이 들길 바라요. '

열심히만 살아선
절대로 부자가 될 수 없다

저희 부모님은 평생 열심히 사셨습니다. 그런데 부자가 되지 못하셨습니다. 저도 자녀를 낳아서 기르다 보니 당시 부모님 생각과 저의 어린 시절 생각이 많이 나더라고요. 부모님이 경제활동을 하던 시절에는 인터넷과 휴대폰도 없었고, 지금보다 근로시간도 길어 여유가 없었고, 정보의 격차가 심해 부자들은 더 부자가 되고 가난한 사람은 계속 더 가난해지는 그런 시기였다고 생각합니다.

우리나라가 경제성장기를 지나 침체기에 들어섰다고 자조하시는 분이 많은데요. 그런데 저는 요즘엔 인터넷을 통해 수많은 정보를 얻을 수 있고 저 같은 일반인도 마음만 먹으면 부동산 투자 공부도 할 수 있으니까 과거보다 오히려 기회는 많아졌다고 생각해요. 그리고 아직은 미흡하지만 제가 자산을 늘려가며 겪은 경험과 방법, 교훈을 자녀에게 물려주려고 합니다. 이렇게 책을 출간하는 것도 기록이자 교육 중 하나예요.

앞으로 아이들이 다 커서 지금과 다른 세상이 온다고 해도, 역사가 반복되듯이 돈을 버는 경제원리와 기술도 반복될 것이라고 생각합니다. 저희 부부는 부동산에 관련된 이야기를 아이들 앞에서도 자연스럽게 하고 있습니다. 이 부동산에 어떤 호재가 있어서 샀는지, 지금 어떤 사람들이 빌려서 살고 있는지, 어떤 일들로 투자 고민하는지도 이야기합니다. 아이들이 일상 속에서 자연스럽게 보고 배우면서 커나갈 수 있게 말이죠.

이번에 금리가 급격하게 올라서 아빠가 아르바이트를 해서 부족한 돈을 충당한 것도 아이들이 알아요. 그리고 요즘은 금리가 올라서 돈이 많이 없으니까 평소 자주 먹던 치킨과 마라탕도 배달횟수를 줄여야 한다고 말해주면 의외로 아이들이 잘 받아들입니다. 금리가 오르면 어떻게 되는지, 금리가 코로나 때처럼 내리면 어떻게 되는지 아이들도 직접 겪으면서 경험을 얻었을 거예요. 월세에서 이자를 빼고 돈이 많이 남아 수익이 되는지, 이자가 올라서 돈이 부족한지 말이죠.

아이들은 아직 초등학교 저학년이지만 각자의 돈을 직접

열심히만 살아선 절대로 부자가 될 수 없다

관리하게 하고 있습니다. 체크카드로 본인이 사고 싶은 것도 사보고, 돈이 부족할까 봐 아껴서 쓰기도 하죠. 그리고 돈을 집에서 벌기 위해 미션도 클리어 합니다. 영어, 수학, 피아노 등등의 미션을 통해 자기 스스로 공부도 하고 돈도 벌어요.

저도 어린 시절에 억지로 학원에 가서 집중도 안 하고 시간만 때우면서 놀다 온 기억이 많아서 아이들의 마음을 잘 알고 있어요. 어릴 적 게임도 하고 싶고 놀고 싶었기에 아이들 역시 자유로운 선택과 사고를 하도록 지원해줘요. 물론 예의를 지키고 윤리적인 테두리 안에서 "너희 인생이니 너희가 판단하고 책임지라"고 하죠.

저의 부동산 투자나 경제활동은 부자로 가려는 과정이며, 앞으로 성공을 할지 실패를 할지 모르지만 최소한 이러한 과정들을 보고 자란 아이들에게는 자본주의 세상에서 살아남기 위한 좋은 밑거름이 될 것이라고 생각합니다.

여러분은 돈과 부자에 대해 어떤 생각을 가지고 계신가요?

열심히만 살아선 부자가 될 수 없다는 걸 깨닫는 순간, 부자가 되는 첫걸음을 떼는 게 아닐까, 생각해봅니다. 이 책에 실린 저의 별것 아닌 경험담이 누군가에게 조금이나마 도움이 되길 바랍니다.

이번 생에 건물주 한번 돼보고 죽을랍니다

☞ 참고자료

EBS MEDIA 기획, EBS 〈자본주의〉 제작팀·정지은·고희정,
《EBS다큐프라임 자본주의》, 가나출판사, 2013
경기신문, 경기도 인구 최근 3년간 매년 증가…올해도
증가세 '1359만 명', 2023.01.15
경남일보, 심리적 인구 마지노선 330만 명 깨진 경남,
2023.01.16
국토교통부, 「2020년도 주거실태조사 통계보고서」, 2021
국토교통부, 「2021년도 주거실태조사 통계보고서」, 2022
매일경제, 내년 강남에 쏟아지는 입주물량…최악의
역전세 온다, 2022.12.26
부읽남TV, "절대로 전세 살지 마라(https://
www.youtube.com/watch?v=x9mGWCcCJAE)"
브릿지경제, "금리부담으로 가계대출 연체율 상승…
금융시스템 위협 수준 아냐", 2023.03.05

이번 생에 건물주 한번 돼보고 죽을랍니다

브릿지경제, 점점 늙어가는 서울 아파트… "재건축 대책마련 시급", 2021.01.25

서울경제, 뚝 떨어진 서울 전셋값…입주물량 폭탄에 추가 하락 불가피, 2023.01.30

서울신문, "전셋집 보려고 줄서서 대기? 사실은…" 김현미의 대답(종합), 2020.10.23

서울특별시, 「2040 서울도시기본계획 보고서」, 2022

연합뉴스, 청년 10명 중 7명 "내 집 꼭 필요"…85.2%는 현 집값 '부적정', 2021.04.16

전라남도, 「전남 청년 종합 실태조사」, 2019

중앙일보, 삼성전자보다 더 '잘' 벌었다…샤넬코리아 영업이익 67% 급증, 2022.04.14

중앙일보, 수도권 아파트값 상승률 서울의 15배 "규제 풍선효과", 2020.10.12

통계청, 「2020년 임금 근로 일자리 소득(보수) 결과」, 2022

한국일보, 수도권 인구 2년 연속 감소에도 '성장엔진' 청년은 늘어, 2023.01.15

이번 생에 건물주
한번 돼보고 죽을랍니다

초판 1쇄 인쇄일 2023년 4월 18일
초판 1쇄 발행일 2023년 4월 28일

지은이 노동환(가붕개)

발행인 윤호권
사업총괄 정유한

편집 신수엽 **디자인** 박정원 **마케팅** 명인수
발행처 ㈜시공사 **주소** 서울시 성동구 상원1길 22, 6-8층(우편번호 04779)
대표전화 02 - 3486 - 6877 **팩스**(주문) 02 - 585 - 1755
홈페이지 www.sigongsa.com / www.sigongjunior.com

글 ⓒ 노동환(가붕개), 2023

이 책의 출판권은 (주)시공사에 있습니다. 저작권법에 의해
한국 내에서 보호받는 저작물이므로 무단 전재와 무단 복제를 금합니다.

ISBN 979-11-6925-736-7 03320

*시공사는 시공간을 넘는 무한한 콘텐츠 세상을 만듭니다.
*시공사는 더 나은 내일을 함께 만들 여러분의 소중한 의견을 기다립니다.
*알키는 (주)시공사의 브랜드입니다.
*잘못 만들어진 책은 구입하신 곳에서 바꾸어 드립니다.